하나님, 부자 되고 싶어요!

'해피 크리스천' 시리즈 1
크리스천의 경제생활 지침서

하나님, 부자 되고 싶어요!

김병삼 지음

kmc

머리말

하나님의 방법으로
돈을 다스리는 크리스천

여자 셋이서 남편들을 어떻게 대하는지에 대해 이야기했습니다. 먼저 첫 번째 여자는 이렇게 말했습니다. "남편은 우리 집의 대장이에요. 단 한 푼이라도 남편이 허락해야 쓴답니다." 이 이야기를 듣고 두 번째 여자는 "나는 남편을 왕처럼 모셔요. 집안의 모든 돈은 남편을 위해서 쓴답니다."라고 말했습니다. 이 두 여자의 이야기를 들은 세 번째 여자는 자랑스럽게 "나는 남편을 신처럼 모셔요."라고 말했습니다. 첫 번째, 두 번째 여자가 '과연 신처럼 모신다는 게 어떻게 한다는 걸까'를 궁금해할 때, 세 번째 여자가 이어 말했습니다. "수입의 90%는 나를 위해 쓰고, 나머지 10%는 남편을 위해 쓴답니다."

하나님께서는 세상을 창조하시고 모든 생명을 관리하는 책임을 우리에게 주셨습니다. 우리는 하나님의 것을 맡아 관리하는 것이지 소유하는 것이 아닙니다. 돈에 관련해서도 마찬가지입니다. 우리의 수입의 10%를 하나님께 드린다고 해서 나머지 90%가 나의 소유가 되는 것이 아닙니다. 하나님께 드린 10%도, 나머지 90%도 하나님께서 나에게 맡겨 주신 것이고 이 맡겨진 물질은 주인의 뜻에 맞게 사용해야 합니다.

한국 교회는 물질의 부요와 번영에 대해 이야기할 때, 이것을 하나님께서 신실한 성도에게 주는 복으로 이야기해 왔습니다. 교회에서는 "내가 잘 믿었더니 하나님께서 많은 복(돈)을 주셨더라."고 자랑스럽게 간증하고 '부자 = 하나님께 복 받은 사람'이라는 공식을 만들어 왔습니다. 사실 우리는 솔직히 돈을 좋아하고 누구나 부자가 되기를 원합니다. 그리고 개인적인 생각으로 많은 크리스천이 깨끗한 부자가 되어 크리스천으로서 영향력을 마음껏 발휘했으면 좋겠습니다. 그러나 우리가 하나 명확하게 짚고 가야 할 것은 하나님께서는 우리를 부요하게 만들기를 원하시는 것이 아니라 우리를 거룩하게 구별된 성도로 세우기를 원하신다는 것입니다.

성경은 "돈을 사랑함이 일만 악의 뿌리가 되나니"(딤전 6:10)라고 말씀합니다. 돈이 나쁜 것이 아니라, 돈을 사랑하는 것이 악이라고 말합니다. 오늘날 사람들은 맘몬 신(재물의 신)을 추종하여 돈이 모든 문제 해결의 실마리가 된다고 믿습니다. 도덕적인 문제까지도 돈의 힘으로 해결하려는 이 시대에 크리스천은 하나님께서 허락하신 물질에 대해 세상과 다른 확고한 주관을 가지고 살아가야 합니다.

이에 돈과는 떨어질 수 없는 세상 속에 살면서 하나님의 관점으로 돈을 다스려야 하는 크리스천에게 돈에 대한 반듯한 생각과 방법을 제시해야 할 필요성을 느끼고 이 교재를 저술하였습니다. 이 교재가 돈을 관리해야 하는 크리스천에게 실질적인 지침서가 되어서, 돈에 지배받지 않고 하나님의 방법으로 돈을 정복하고 다스리는 크리스천들이 이 땅에 세워지기를 소망합니다.

2007년 6월
김병삼 목사

일러두기

1. **중요한 것은 자기 자신에게 솔직한 것입니다.** '생각 열기'는 현재 돈에 관한 자신의 생각을 알아보는 과정입니다. 이 질문들은 이상적이거나, 또한 배워서 알고 있는 사실을 묻는 것이 아닙니다. 지금 나의 솔직한 생각을 정리하는 것입니다. 때로는 신앙인으로서 부끄러운 대답을 할 수밖에 없는 질문도 있을 것입니다. 그러나 중요한 것은 현재보다 변화될 미래입니다. 여러분은 이 교재를 공부하면서 부끄러운 나의 생각이 하나님께서 기뻐하시는 뜻으로 변화될 것을 기대하시면 됩니다.

2. **각 과의 목표를 분명히 알고 가야 합니다.** 이 교재는 '목표 알기'를 통해 각 과의 목표를 제시하였습니다. 공부하기에 앞서 목표를 분명히 알고 시작하면 각 과에서 이야기하고자 하는 내용을 쉽게 정리하며 나갈 수 있습니다.

3. **'배워보기'를 통해 여러분의 시각을 하나님의 관점으로 바꾸어 나가기 바랍니다.** '배워보기'는 '교정된 시각'과 '내 삶에 적용하기'를 통해 우리가 현재 가지고 있는 생각을 하나님의 관점으로 교정해 나가는 시간입니다. 특히 '내 삶에 적용하기'를 결단하는 시간으로 보내시기 바랍니다. '내 삶에 적용하기'는 두 가지 방향으로 진행됩니다. 하나는 현재 상황을 진단하는 것이고, 다른 하나는 미래의 삶을 결단하는 것입니다. 교재에서 제시하는 내용은 여러분의 결단을 돕는 것이지 정답을 제시하는 것은 아닙니다. 가장 정확한 해답은 하나님께 드리는 여러분의 결단입니다. '내 삶에 적용하기'를 통해 현재 본인의 상황을 진단하고 하나님께서 기뻐하시는 결단을 내리시기 바랍니다.

4. **'정리하기'를 잘 활용하시기 바랍니다.** 한 과가 끝날 때마다 '정리하기'를 통해 복습하시기 바랍니다. 한 과의 내용의 핵심이 이곳에 정리되어 있습니다. '정리하기'를 통해 처음 제시된 목표를 점검해 보고, 공부한 내용을 주위 사람들에게 이야기해 보는 시간을 갖기를 바랍니다. 공부한 것을 잊어버리지 않고 내 것으로 만들려면 그 내용을 주위 사람에게 전달하는 것이 가장 좋은 방법 중의 하나입니다.

* 홈페이지 www.kmcmall.co.kr ('공지사항' 안내 참조)에서
  이 책의 강의용 자료(ppt)를 다운 받아 사용하실 수 있습니다.

차례

머리말 4
일러두기 6

1. **신앙인의 돈 생각하기(1)** 돈! 영적인 차원의 문제 ········ 9
2. **신앙인의 돈 생각하기(2)** 욕망의 문제 해결하기 ········ 19
3. **신앙인의 돈 모으기(1)** 돈! 절제의 열매 ········ 29
4. **신앙인의 돈 모으기(2)** 부(富)! 성령의 열매 ········ 41
5. **신앙인의 돈 나누기(1)** 나눔! 영성의 결과 ········ 53
6. **신앙인의 돈 나누기(2)** 나눔! 환원의 원리 ········ 63
7. **신앙인의 돈 드리기(1)** 구별의 원리 ········ 75
8. **신앙인의 돈 드리기(2)** "시험하여 보라" ········ 87
9. **신앙인의 미래 설계(1)** 올바른 미래 설계 ········ 99
10. **신앙인의 미래 설계(2)** 우선순위 ········ 109
11. **신앙인에게 주시는 하나님의 복(1)** 의로운 복을 구하라! ········ 119
12. **신앙인에게 주시는 하나님의 복(2)** 믿음으로 구하라! ········ 129

'정리하기' 답안 141

크리스천의 경제생활

1 신앙인의 돈 생각하기(1)
돈! 영적인 차원의 문제

생각 열기

나 자신의 돈에 대한 숨겨진 생각을 알아보기 위한 것입니다. 아래의 물음에 솔직하게 ✓ 표시해 보세요.

1. 예수를 믿으면 물질적인 복이 따른다.
   그렇다☐   아니다☐   잘 모르겠다☐

2. 물질의 복을 받기 위해 신앙생활을 '열심히' 하려고 노력한다.
   그렇다☐   조금 그렇다☐   별로 그렇지 않다☐   그렇지 않다☐

3. 내 생각에 돈은 악한 것이다.
   그렇다☐   아니다☐   잘 모르겠다☐

4. 신앙인으로서 '깨끗한 부자'가 인생의 목표다?
   매우☐   조금☐   아니다☐

5. '돈' 과 '하나님' 사이에서 '돈'을 선택한다.
   매번☐   자주☐   가끔☐   거의 없다☐

목표 알기

1. 마태복음 6장 24절 말씀을 읽고 돈이 영적인 차원의 문제임을 다른 성도에게 설명할 수 있다.
2. 돈의 악한 영적 능력에 대해 한 가지 이상 예를 들어 설명할 수 있다.
3. '깨끗한 부자'에 대한 욕망이 갖는 위험성을 다른 성도에게 알릴 수 있다.
4. 잠언 30장 7~9절의 말씀을 읽고 돈에 대해 우리가 경계해야 할 것이 무엇인지를 짧은 글 또는 일기로 적을 수 있다.

오늘의 말씀

마태복음 6:19~24

19 너희를 위하여 보물을 땅에 쌓아 두지 말라 거기는 좀과 동록이 해하며 도둑이 구멍을 뚫고 도둑질하느니라 **20** 오직 너희를 위하여 보물을 하늘에 쌓아 두라 거기는 좀이나 동록이 해하지 못하며 도둑이 구멍을 뚫지도 못하고 도둑질도 못하느니라 **21** 네 보물 있는 그 곳에는 네 마음도 있느니라 **22** 눈은 몸의 등불이니 그러므로 네 눈이 성하면 온 몸이 밝을 것이요 **23** 눈이 나쁘면 온 몸이 어두울 것이니 그러므로 네게 있는 빛이 어두우면 그 어둠이 얼마나 더하겠느냐 **24** 한 사람이 두 주인을 섬기지 못할 것이니 혹 이를 미워하고 저를 사랑하거나 혹 이를 중히 여기고 저를 경히 여김이라 너희가 하나님과 재물을 겸하여 섬기지 못하느니라

배워보기

교정된 시각 : 부자가 되는 것이 복은 아니다

"여러분 부자 되세요!"
"하나님은 당신이 부자가 되기를 원하십니다!"

이것은 우리가 물질과 관련된 설교시간에 듣고 싶어 하는 말씀이 아닙니까? 그러나 반드시 '부자 = 복'은 아닙니다. 부자가 되는 것이 복은 아니라는 말입니다. 다른 말로 하면 어떤

사람에게는 부자가 되는 것이 해가 될 수도 있으며, 어떤 사람들에게는 하나님께서 부자가 되는 것을 원하시지 않을 수도 있다는 것입니다. 그런데 많은 신앙인들이 이런 문제로 고민합니다. "왜 예수를 잘 믿는데 가난한가?" 혹은 "왜 예수를 안 믿는데 부자인가?"

예수를 믿어도 가난해질 수 있고, 예수를 안 믿어도 부자가 될 수 있습니다. 그렇다면 물질은 하나님이 주시는 복입니까? 아닙니까?

예수님은 '하나님 나라의 비유'를 말씀하시면서 재물에 대해 많이 언급하셨습니다. 어리석은 부자, 거지와 나사로, 드라크마의 비유, 탕자의 비유 등이 그것입니다. 그런데 마가복음 10장 25절에 보면 "낙타가 바늘귀로 나가는 것이 부자가 하나님의 나라에 들어가는 것보다 쉬우니라 하시니"라고 말씀하셨습니다. 이것은 물질은 **하나님께서 주시는 것이지만 반드시 복은 아니라는 것입니다.**

돈의 영적인 차원 : 악한 것이 아니라, 위험한 것

신앙인의 경제생활에 관한, 혹은 돈을 어떻게 생각할 것이냐에 대한 다양한 견해 중 대체로 일관된 시각이 있는데, 그것은 '돈의 중립적 가치'입니다.

돈은 본질적으로 악하지 않습니다. 그러나 위험한 것입니다. 마태복음 6장 24절에 보면 "한 사람이 두 주인을 섬기지 못할 것이니 혹 이를 미워하고 저를 사랑하거나 혹 이를 중히 여기고 저를 경히 여김이라 너희가 하나님과 재물을 겸하여 섬기지 못하느니라"라고 하였습니다. 결국 **돈은 우리가 말하는 것처럼 단순히 사용하거나 즐기는 차원의 문제가 아니라, 하나님을 섬기든지 돈의 지배를 받든지 둘 중의 하나를 선택해야 하는 문제와 연관되어 있습니다. 즉 영적인 문제와 관계된다는 말입니다.**

디모데전서 6장 10절에 "돈을 사랑함이 일만 악의 뿌리가 되나니 이것을 탐내는 자들은 미혹을 받아 믿음에서 떠나 많은 근심으로써 자기를 찔렀도다"라고 말씀하시면서 **돈은 나쁜 것이 아니라, 돈을 사랑하는 것이 문제**라고 하였습니다. 또한 돈은 동전의 양면과 같아서 어떻게 사용하느냐에 따라 좋은 것이 될 수도 있고, 나쁜 것이 될 수도 있습니다.

'돈'은 영적인 세력

돈은 그냥 단순한 물질이 아닙니다. 돈은 '욕망'이라는 이름으로 혹은 성경적인 용어로는

'육체의 소욕'이라는 말로 이해할 수 있습니다. 예수님은 갈라디아서 5장 17절에서 "육체의 소욕은 성령을 거스르고 성령은 육체를 거스르나니… 육체의 일은 분명하니 곧 음행과 더러운 것과 호색과(19절) 우상 숭배와 주술과 원수 맺는 것과…(20절)"라고 말씀하시면서 **'돈'은 영적인 세력이며 영적 세력으로서의 돈은 하나님을 대적한다**고 분명하게 말씀하셨습니다.

물질이 나쁜 것은 아닙니다. 그러나 **돈은 육체적인 소욕을 구체화하는 가장 중요한 수단이 되기 때문에 경계해야 합니다.** 사실 어떤 경우에는 돈이 없으므로 정욕의 죄를 짓지 않는 경우들도 있습니다. 만약 우리에게 주어진 물질로 육체적인 만족을 추구한다면, 그것은 물질을 잘못 사용하는 것입니다.

그러므로 '깨끗하게 번 돈으로, 내가 육체의 소욕을 즐긴다' 라든지 혹은 '깨끗하게 번 돈은 내가 마음대로 사용해도 된다' 는 생각은 아주 위험하다는 것을 알아야 합니다. 그리고 돈을 벌고 돈을 많이 소유하는 것이 우리 속에 욕망으로, 혹은 삶의 목표가 되어 있지 않은가를 분명하게 보아야 합니다.

그러면 우리는 "돈을 가지고 즐기고 누리는 모든 것을 끊고 금욕적인 삶을 살아야 되는가?" 하는 질문을 던질 수 있습니다. 솔직히 우리가 아무리 돈에 대해 중립적인 가치를 둔다 해도 돈을 사랑하는 것을 면하기는 힘이 듭니다. 돈에 대한 유혹이 너무나 크기 때문입니다. 그러나 우리는 인생의 일반적인 쾌락을 절제하고 물질적인 만족을 스스로 부정하는 사람이 되어야 합니다.

신앙생활을 '열심히' 그리고 '잘' 하면 복을 받습니다. 그렇다면 우리가 신앙생활을 하는 목적이 '열심히', '잘'에 있습니까? 아니면 '복'에 있습니까? 솔직하게 신앙인으로서 우리가 깨끗하게 사는 것은 바로 받을 복을 바라기 때문일 경우가 많습니다. 즉 우리가 십일조를 드리고 구제헌금을 드리는 이유가 바로 이 범주에서 벗어나지 않는 것이 문제입니다.

▶ 내 삶에 적용하기

나는 단지 물질의 복을 받기 위해 신앙생활을 '열심히' 합니까? 그렇다면 나의 신앙생활이 올바르게 서기 위해서 내가 결단해야 할 것은 무엇입니까?

_____

_____

> ☺ **돈 유머**
>
> 　어느 신부와 목사 그리고 랍비가 정기적인 모임을 가졌습니다. 그런데 신기하게도 랍비는 늘 버스를, 신부는 늘 택시를, 그리고 목사는 늘 자가용을 타고 왔습니다. 그래서 그들은 서로 그 이유를 물었습니다. 그런데 그 이유는 헌금을 드리는 자세에 있었습니다.
>
> 　랍비는 공평하게 금을 긋고는 헌금을 하늘로 던져 금 오른쪽에 떨어지는 것은 하나님의 것으로, 금 왼편에 떨어지는 것은 자신의 것으로 한답니다. 그러자 신부는 랍비에게 어떻게 하나님의 것을 중간에 금을 긋고 나눌 수 있느냐고 조롱하였습니다. 그는 조그만 원을 그리고는 모든 헌금을 던져서 구별되게 들어가는 헌금만 하나님께 드리고 나머지는 자신이 쓴다고 하였습니다.
>
> 　이야기를 다 들은 믿음이 좋은 목사는 어떻게 하나님의 것을 마음대로 구분하느냐고 둘을 조롱하면서 자신은 모든 헌금을 하나님께 다 드린다고 하였습니다. 그는 헌금을 하늘로 던지면서 "하나님 가지고 싶은 만큼 다 가지세요!"라고 말한 뒤 나머지 땅에 떨어지는 것만 자신이 쓴다고 하였습니다.

'깨끗한 부자'가 되려는 욕망

　기독교계에서는 늘 '청부론'과 '청빈론'의 논쟁이 벌어집니다. 깨끗하게 번 돈으로 얼마든지 누리면서 살 수 있다는 것이 '청부론'입니다. 즉 깨끗한 부자가 되라는 것입니다. 여기서 말하는 깨끗한 부자란 신앙인으로서 부도덕한 돈을 거부하고 반드시 정직한 십일조와 구제헌금을 하는 사람, 즉 자신의 돈과 하나님의 돈을 분별할 줄 아는 사람을 말합니다.

　그러나 '깨끗한 부자'가 되기 위하여 구별(區別)하여 드린다, 성별(聖別)하여 드린다, 모든 것을 드린다는 신앙의 원리가 결국은 부(富)를 정당화하고 내가 누리는 것을 정당화하는 논리가 되어서는 결코 안 됩니다.

▶ 내 삶에 적용하기

하나님께서 인정하시는 '깨끗한 부자'는 어떤 모습입니까? 그것을 실천하기 위해 내가 선택하거나 결단해야 하는 삶의 문제는 무엇입니까?

_____
_____
_____

생각 바꾸기

저는 군에 들어가면서 제대를 하면 유학을 가리라는 계획을 세웠습니다. 그래서 적은 월급으로 적금을 들기 시작했습니다. 혹시 결심이 흐트러질까 봐 아예 월급에서 떼고 나오도록 적금을 들었습니다. 저는 이것이 계획적인 삶을 사는 것이라고 생각했습니다. 그런데 군목 시절 은혜를 받으면서 철저하게 회개한 부분이 바로 이 부분이었습니다.

돈에 관하여 하나님을 의지하기보다는 저의 계획과, 돈의 든든함을 의지한 것이지요. 그러다 보니까 필요에 따라 돈을 쓰지 못하는 목사가 되었습니다. 영적으로 보면 돈에 눌린 사람이 된 것이지요.

그러나 은혜를 받아서 "이제부터는 돈에 매이는 사람이 되지 않겠습니다."라고 결심하였습니다. 그리고 제게 나타난 현상은, 돈에 자유로워지기 시작하면서 돈에 대한 이야기를 할 줄 아는 사람이 된 것입니다. 돈에 구차한 사람이 아니라, 돈의 쓰임과 하나님의 것에 대하여 설교하는 사람이 되었습니다.

사실 제 모습을 다 드러내 놓고 돈을 쓰는 모습을 다 이야기한다면 여러분은 너무나 실망을 하게 될 것입니다. 그리고 제가 하는 설교가 아마 귀에 들어오지 않을지도 모릅니다. 그러나 한 가지 분명하게 말씀드릴 수 있는 것은, 아직은 제가 돈을 사용할 때 고민한다는 것입니다. 혹 과도한 지출을 할 때에는 양심의 가책을 받고 기도합니다. 제가 실수하는 부분들에 대하여 변명하려는 것이 아니라, 아직도 실수에 대하여 하나님 앞에 기도할 수 있다는 사실에 감사하는 것입니다. 제가 돈의 지배를 받는 것이 아니라, 돈을 사용함에 있어 성령님의 지배를 받고 있다는 안도감 때문에 말입니다. - 김병삼 목사

'두 주인을 겸하여 섬길 수는 없다' : '돈' VS '하나님'

누가복음 18장 18~23절에 보면 어떤 부자 청년이 예수님을 따르려는 의지를 가지고 찾아왔습니다. 그런데 예수님은 그 청년의 마음속에 가장 큰 관심과 생의 목표가 무엇인지를 보셨습니다.

예수님은 자신을 따르겠다는 이 청년을 향하여 "재산을 다 팔아서 가난한 사람에게 나눠 주라(눅 18:22)"고 하셨습니다. 이러한 질문은 이 청년의 삶에 주인이 누구인지를 분명히 하기 위해서였습니다.

이 청년은 부자지만, 남을 구제하고 율법을 지키는 사람이었습니다. 또한 살인과 간음의 죄를 짓지 않고 부모를 공경하는 사람이었습니다. 어느 누구도 이 청년이 부를 누리는 데 무어라 말할 사람이 없습니다. 그러나 이 청년이 이렇게 깨끗하고 모범적으로 사는 것 같지만, 결국에는 하나님 편에 서기 위해서 자신의 물질을 포기할 수는 없었던 '깨끗한 부자'였던 것입니다.

묵상하기

누가복음 18장 18~23절

18 어떤 관리가 물어 이르되 선한 선생님이여 내가 무엇을 하여야 영생을 얻으리이까 19 예수께서 이르시되 네가 어찌하여 나를 선하다 일컫느냐 하나님 한 분 외에는 선한 이가 없느니라 20 네가 계명을 아나니 간음하지 말라, 살인하지 말라, 도둑질하지 말라, 거짓 증언 하지 말라, 네 부모를 공경하라 하였느니라 21 여짜오되 이것은 내가 어려서부터 다 지키었나이다 22 예수께서 이 말을 들으시고 이르시되 네게 아직도 한 가지 부족한 것이 있으니 네게 있는 것을 다 팔아 가난한 자들에게 나눠 주라 그리하면 하늘에서 네게 보화가 있으리라 그리고 와서 나를 따르라 하시니 23 그 사람이 큰 부자이므로 이 말씀을 듣고 심히 근심하더라

돈이 '영적인 문제'인 것은 결단과 선택을 요구하기 때문입니다. 예수님이 말씀하셨던 것처럼 두 주인('돈' VS '하나님')을 겸하여 섬길 수는 없습니다.

그러나 열심히 살아 가난해지지 않도록 해야 합니다. 혹시 가난한 이유 때문에 물질에 눈이 어두워서 죄를 지으려는 마음이 생길지도 모르기 때문입니다. 또한 부자가 되어서 육체적

욕망 때문에 하나님을 떠나 사는 사람이 되지 않게 경계해야 합니다. 계속해서 경계하지 않으면 언제 어느 순간에 돈의 지배를 받게 될지 모릅니다.

예수님이 우리를 선택하시고 부르신 것은 부자가 되게 하기 위해서가 아니라 '거룩하게' 하시기 위해서입니다.

묵상하기

잠언 30장 7~9절

7 내가 두 가지 일을 주께 구하였사오니 내가 죽기 전에 내게 거절하지 마시옵소서 8 곧 헛된 것과 거짓말을 내게서 멀리 하옵시며 나를 가난하게도 마옵시고 부하게도 마옵시고 오직 필요한 양식으로 나를 먹이시옵소서 9 혹 내가 배불러서 하나님을 모른다 여호와가 누구냐 할까 하오며 혹 내가 가난하여 도둑질하고 내 하나님의 이름을 욕되게 할까 두려워함이니이다

생각 바꾸기

알젠틴 대통령이 한 번은 미국 대통령을 만나서 "당신네 조상들은 하나님을 찾기 위해 미국에 왔는데 오늘날에는 하나님도 찾고 황금도 찾았습니다. 그러나 우리 조상들은 황금을 찾으려 알젠틴에 왔는데 황금도 못 찾고 하나님도 못 찾았습니다."라고 하였다 한다.

▶ 내 삶에 적용하기

나는 매일 매일의 삶에서 영적인 돈의 위험성을 경계하고 살아갑니까? 나의 삶의 어떤 부분에서 돈이 나에게 위험한지를 적어 보고, 그 위험을 줄이기 위한 방법을 그 옆에 적어 보세요.

위험성		해결책
	➡	
	➡	
	➡	

'돈'에 대한 반듯한 생각

욕망을 충족시키기 위해 돈을 번다면 반드시 그릇된 길로 가게 됩니다. 아무리 돈을 많이 벌어도 욕망은 충족되지 않기 때문입니다. 욕망을 따라 돈을 추구하는 것은 망하는 길입니다.

돈! 하나님의 목적을 이루기 위해 필요한 것
돈은 필요합니다. 그러나 돈이 욕망을 채우는 도구가 되어서는 안 됩니다. 돈은 필요합니다. 그것은 하나님의 목적을 이루기 위해서 필요한 것입니다. 신앙인은 돈이 필요하다는 것을 알지만 끊임없이 경계할 줄 알아야 하고, 우리 속에 끊임없이 성령의 소욕이 필요함을 알아야 합니다. 그리고 성령께서 나를 간섭하심으로, 내가 원하는 것들이 욕망이 되지 않기를 제어해야 합니다.

정리하기

■ **돈의 영적인 차원**
돈은 본질적으로 악하지 않습니다. 그러나 (   )한 것입니다.
결국 돈은 우리가 말하는 것처럼 단순히 사용하거나 즐기는 차원의 문제가 아니라, **하나님을 섬기든지 돈의 (   )를 받든지 둘 중의 하나를 선택해야 하는 문제와 연관되어** 있습니다. 즉 영적인 문제와 관계된다는 말입니다.

■ **'돈'은 영적인 세력**
'돈'은 영적인 세력이며 영적 세력으로서의 돈은 하나님을 (   )한다고 분명하게 말씀하셨습니다.
신앙생활을 '열심히' 그리고 '잘' 하면 복을 받습니다. 그렇다면 우리가 신앙생활을 하는 목적이 '열심히', '잘'에 있습니까? 아니면 '(   )'에 있습니까?

■ **'깨끗한 부자'가 되려는 욕망**
'깨끗한 부자'가 되기 위하여 구별(區別)하여 드린다, 성별(聖別)하여 드린다, 모든 것을 드린다는 신앙의 원리가 결국은 (   )를 정당화하고 내가 누리는 것을 정당화하는 논리가 되어서는 결코 안 됩니다.

■ '두 주인을 겸하여 섬길 수는 없다'
　돈이 '영적인 문제'인 것은 결단과 선택을 요구하기 때문입니다. 예수님이 말씀하셨던 것처럼 두 (   )('돈' VS '하나님')을 겸하여 섬길 수는 없습니다.
　예수님이 우리를 선택하시고 부르신 것은 (   )가 되게 하기 위해서가 아니라 '(   )하게' 하시기 위해서입니다.

■ 돈! 하나님의 목적을 이루기 위해 필요한 것
　돈은 필요합니다. 그러나 돈이 (   )을 채우는 도구가 되어서는 안 됩니다. 돈은 필요합니다. 그것은 하나님의 (   )을 이루기 위해서 필요한 것입니다.

크리스천의 경제생활

2 신앙인의 돈 생각하기(2)
욕망의 문제 해결하기

생각 열기

나 자신의 돈에 대한 숨겨진 생각을 알아보기 위한 것입니다. 자신에게 해당되는 내용에 솔직하게 ○ 표시해 보세요.

1. 복잡한 돈 문제 때문에 신앙생활에 지장을 받는다. (   )
2. 일과 사업을 하나님과 가정보다 더 중요하게 여긴다. (   )
3. 지금 있는 것으로 만족하지 못한 채 계속하여 더 많은 것, 더 좋은 것을 갖고 싶다. (   )
4. 일하는 것이 싫고 귀찮게 느껴진다. (   )
5. 다른 사람들보다 더 빨리, 더 쉬운 방법으로 돈을 벌고 싶은 유혹을 느낀다. (   )
6. 투자한 재물에 대한 걱정 근심으로 마음이 늘 무겁고 불안하다. (   )
7. 일시적인 충동을 억제하지 못해 무절제하게 낭비하는 생활을 한다. (   )
8. 다른 사람의 필요를 도와주지 않는다. (   )
9. 넉넉한 재물 때문에 마음이 교만해지거나 혹은 우월감을 느낀다. (   )
10. 재정적 어려움 때문에 열등감에 빠져 있거나 누군가를 비난한다. (   )
11. 하나님 일에 대한 희생이 부족하다. (   )

목표 알기

1. 신앙인의 돈에 대한 올바른 정의 세 가지를 말할 수 있다.
2. 마태복음 6장 21절 말씀을 읽고 돈이 도덕적 차원의 문제임을 다른 성도에게 설명할 수 있다.
3. 창세기 1장 27절의 말씀을 통해 욕망이 인간의 본성이 아님을 증명할 수 있다.
4. 욕망의 문제를 해결하는 방법을 알고 내 삶에서 욕망의 문제를 해결할 수 있다.
5. 돈에 대해 내가 가져야 할 올바른 "거룩한 고민"에 대해 자신의 생각을 짧은 글 또는 일기로 적을 수 있다.

오늘의 말씀

마태복음 6:19~24

19 너희를 위하여 보물을 땅에 쌓아 두지 말라 거기는 좀과 동록이 해하며 도둑이 구멍을 뚫고 도둑질하느니라 20 오직 너희를 위하여 보물을 하늘에 쌓아 두라 거기는 좀이나 동록이 해하지 못하며 도둑이 구멍을 뚫지도 못하고 도둑질도 못하느니라 21 네 보물 있는 그 곳에는 네 마음도 있느니라 22 눈은 몸의 등불이니 그러므로 네 눈이 성하면 온 몸이 밝을 것이요 23 눈이 나쁘면 온 몸이 어두울 것이니 그러므로 네게 있는 빛이 어두우면 그 어둠이 얼마나 더하겠느냐 24 한 사람이 두 주인을 섬기지 못할 것이니 혹 이를 미워하고 저를 사랑하거나 혹 이를 중히 여기고 저를 경히 여김이라 너희가 하나님과 재물을 겸하여 섬기지 못하느니라

배워보기

교정된 시각 : 돈에 대한 바른 정의 내리기

돈에 대한 이야기를 풀어가기 위해 먼저 신앙인이 가져야 할 돈에 대한 올바른 정의를 살펴보겠습니다.

1. 돈이 좋은 것이기는 하지만, 잘 사는 것의 기준은 아닙니다.

돈을 많이 가지고 있는 사람을 '부자'라고 말할 수는 있지만 동시에 '잘사는 사람'이라고 말할 수는 없습니다. 반대로 돈이 없는 사람을 '가난한 사람'이라고 말할 수는 있지만 '못사는 사람'이라고 말할 수는 없습니다.

사도바울은 빌립보서 4장 11~13절에서 돈 없이도 잘 살 수 있는 원리를 분명하게 말하고 있습니다. 하나님의 사람은 비천에 처할 줄도 알고 풍부에 처할 줄도 압니다(빌 4:12). 그리고 돈의 많고 적음이 문제가 아니며, 믿음이 있는 자는 어떤 형편에 있든지 자족하기를 배워야 합니다.(빌 4:11)

2. 돈이 좋은 것이기는 하지만, 만족을 주지는 못합니다.

이 세상에서 만족을 얻을 수 있는 것은 없습니다. 마가복음 8장 36절에서 "사람이 만일 온 천하를 얻고도 자기 목숨을 잃으면 무엇이 유익하리요"라고 하였는데 아무리 돈이 많아도 우리의 목숨보다 중요하지 않기 때문에 돈으로 만족을 줄 수는 없습니다. 그러므로 자신이 욕심을 내던 것을 얻었다 하여도 잠시는 만족이 가능하지만, 그렇게 오래가지는 못합니다.

3. 돈이 좋은 것이기는 하지만, '복'이 아니라 '은사'다.

부자는 '물질의 복'을 받은 것이 아니라, '물질의 은사'를 받은 것입니다. '은사'란 하나님이 값없이 주시는 선물입니다. 그리고 이 선물은 주는 사람의 마음에 달려 있습니다. 그러므로 주시면 감사하게 받을 수 있습니다. 그러나 더욱 중요한 원리는 이 선물은 줄 만한 이유가 있는 사람에게 주신다는 것입니다.

이러한 돈에 대한 정의를 바탕으로 돈을 도덕적인 차원에서 살펴보겠습니다.

돈의 도덕적인 차원 : 욕망에 대한 경계가 필요하다

'생각 열기'의 질문에 여러분은 몇 개나 해당하십니까? 여러분이 표시하신 그 부분은 바로 여러분이 경계해야 할 부분입니다.

마태복음 6장 21절에서 예수님은 "네 보물 있는 그 곳에는 네 마음도 있느니라"라고 말씀하셨습니다. 이것은 아주 실제적인 문제로, 바로 **나의 보물이 있는 곳에 나의 마음이 있다는**

것입니다.

나의 보물, 즉 돈지갑이 어디에 사용되느냐 하는 것은 바로 도덕성의 문제와 관련이 있습니다. 도덕적인 차원에서 돈의 문제를 다루어야 하는 이유도 바로 인간의 타락한 본성이 돈에 아주 약하기 때문입니다. 그러므로 영적인 문제에서 승리한 사람의 구체적인 행동지침이 도덕적 차원에서 나타나야 합니다.

종교개혁자 마틴 루터(Martin Luther)는 그리스도인에게 다음의 세 가지 회심이 필요하다고 말을 했습니다. "첫째는 가슴의 회심이요, 둘째는 정신의 회심이요, 셋째는 돈지갑의 회심"이 바로 그것입니다.

그렇다면 여러분은 욕망을 채우며 살기를 원하십니까? 아니면 하나님이 주신 뜻을 따라 살기를 원하십니까? 여기에서 '원한다.'라는 물음에 대해서는 어쩌면 쉽게 대답할 수 있을 것입니다. 그러나 "지금 여러분이 어떻게 살아가고 있습니까?"라고 묻는다면 그 대답은 조금 심각해질 것입니다. 즉 도덕적인 면에서는 기준에 걸리는 사람이 많다는 것입니다.

> ☺ **돈 유머**
>
> 남자들이 아내에게서 가장 듣기 싫어하는 세 가지 이야기
> 3위 – 옆집의 멋지고 자상한 남편 이야기
> 2위 – 옆집이 돈벼락 맞은 이야기
> 1위 – 옆집 남편이 돈벼락 맞은 이야기

욕망! 치료해야 할 질병 : '거룩한 욕망'이라는 함정

우리가 흔히 사용하는 말 중에 '거룩한 욕망'이라는 것이 있습니다. 소위 돈을 버는 욕망이 '하나님의 뜻을 위해 사용하기 위함'이라는 이유가 그것입니다. 그런데 실상 깊이 들여다 보면 그 '거룩한 욕망' 속에 어떠한 이유이든 내가 돈을 벌기를 원하는 마음이 있습니다. 그러므로 우리는 이 욕망이 얼마나 힘든 문제인지를 심각하게 생각해야 합니다.

세계적 부호 카네기(Dale Carnegie)도 우리가 거룩한 욕망을 품을 때 조심해야 할 것을 다음과 같은 말로 경계했습니다. "고난을 이겨내는 사람이 백 명이라면 번영을 이겨내는 사람은 한두 명에 불과하다."

우리는 흔히 욕망에 대한 것을 인간의 본성이라고 말합니다. 남들보다 더 가지려고 하는

것, 다른 사람을 지배하려고 하는 것, 남들보다 편하게 살려고 하는 것 등 말입니다. 그런데 성경에는 이것이 인간의 본성이라고 말하지 않습니다. **본래 인간은 하나님의 형상을 가지도록 지음을 받았기 때문입니다**(창 1:27). 그런데 이러한 거룩한 본성이 하나님을 떠남으로 인해 욕망을 가지게 되었습니다.

유명한 윤리학자 라인홀드 니버(Reinhold Niebuhr)는 "죄 된 욕망은 본성이 아니라 본성의 질병이다."라고 했습니다. 이 말은 **욕망은 자연스러운 인간의 본성이 아니라 치료해야 할 질병**이라는 것입니다.

🔄 생각 바꾸기

영화 〈바람과 함께 사라지다〉의 주인공이었던 배우 클라크 케이블이 돈을 벌기 위하여 눈코 뜰 틈이 없이 뛰는 것을 보고 한 신문기자가 "돈을 꽤 많이 모았을텐데 왜 그렇게 겹치게 출연을 합니까?" 하고 물었습니다. 그러자 그는 임신하여 배가 불룩한 아내를 가리키며 "머지않아 아이가 태어납니다. 그 아이를 위해서도 열심히 일을 해서 돈을 더 많이 벌어야 합니다."라고 대답했다고 합니다.

그러나 그는 아들이 태어나기도 전에 죽었습니다. 그가 죽은 후에 재산을 정리해 보니 백만 달러가 넘었다고 합니다.

▶ 내 삶에 적용하기

돈을 포함하여 현재 내가 품고 있는 "거룩한 욕망"이 무엇인지 나열하고, 그 속에 숨어 있는 "치료해야 할 욕망"이 무엇인지를 적어 봅시다.

나의 거룩한 욕망		치료해야 할 욕망
_____	➡	_____
_____	➡	_____
_____	➡	_____

욕망의 문제 해결하기 : '필요한 것' VS '원하는 것'

우리가 원하는 것이 반드시 우리에게 필요한 것들입니까? 어거스틴은 "방치된 욕망은 습관이 되고, 그 습관을 거부하지 않으면 필요가 된다."라고 했습니다. 욕망을 내버려두면 필요 이상의 물질을 누리는 습관이 생깁니다. 그리고 이 습관에 익숙해지면 그것 없이는 살 수 없는 것처럼 착각하게 됩니다. 이렇게 되면 '필요한 것만큼'이라는 말은 어떠한 통제력도 잃게 됩니다.

구체적인 예를 들어보겠습니다. 살 집이 필요합니다. 그런데 어떤 집을 원하십니까? 여기에서 필요한 것과 원하는 것의 차이가 생길 수 있습니다. 차가 필요합니다. 그러나 어떤 차를 타기를 원하십니까? 바로 여기에 실제적으로 원하는 것과 필요한 것 사이의 갈등이 존재하는 것입니다.

생각 바꾸기

바흠이라는 농부는 늘 땅을 많이 가지고 싶은 욕심을 가지고 살았습니다. 하루는 어느 상인의 소개로 값싸고도 좋은 땅을 사려고 했습니다. 그 땅은 빠시키르라는 족속이 사는 땅이었는데 그는 그곳 추장과 계약을 했습니다. 천 루우블만 내면 해가 지기 전까지 바흠이 걸어다닌 지역은 모두 바흠에게 준다는 내용이었습니다.

바흠은 아침 일찍 추장이 있는 곳을 출발하여 넓은 초원을 걸어갔습니다. 날씨는 덥고 몸은 피로했지만 바흠은 땅에 대한 욕심으로 쉬지 않고 걸어가며 이곳저곳에 표시를 했습니다.

이렇게 욕심을 부리는 사이 아직도 원점까지 돌아가려면 아득한데 해는 벌써 지평선에 가까이 지는 것이었습니다. 그는 죽을힘을 다하여 원점으로 달렸습니다. 욕심 많은 바흠은 사력을 다해 원점에 돌아왔지만 결국 입에서 피를 토하며 쓰러지고 말았습니다.

그 후, 바흠의 하인이 그를 묻을 땅을 파서 묻었는데 결국 그가 차지한 땅은 겨우 한 사람이 누울까 말까 하는 좁은 땅이 전부였습니다.

— 톨스토이의 〈사람에게는 얼마만큼의 땅이 필요한가?〉 중에서

내 삶에 적용하기

돈을 포함하여 현재 내가 갈망하는 것이 무엇인지를 나열하고, 그것이 "필요한 것"인지 "원하는 것"인지를 ○ 표시해 봅시다.

갈망하는 것		필요한 것	원하는 것
_____	➡	( )	( )
_____	➡	( )	( )
_____	➡	( )	( )
_____	➡	( )	( )

거룩한 고민

지금 생활 속에서 얼마만큼의 돈이 필요합니까? 그리고 얼마만큼의 돈을 원하고 있습니까?

크리스천은 이 차이를 구별하려고 고민하며 살아가는 사람들입니다. 이 부분에 대하여 고민하지 않고 살아간다면, 다시 말해, 돈의 필요에 따라, 육체의 욕망에 따라 살아가는 사람은 성령의 사람이 아닙니다.

우리에게는 이러한 고민이 있어야 합니다. 돈의 많고 적음에 대한 고민이 아니라, 하나님께서 내가 가지고 있는 돈을 어떻게 생각하시는지에 대한 고민이 바로 그것입니다.

▦ 묵상하기

누가복음 12장 16~21절

16 또 비유로 그들에게 말하여 이르시되 한 부자가 그 밭에 소출이 풍성하매 **17** 심중에 생각하여 이르되 내가 곡식 쌓아 둘 곳이 없으니 어찌할까 하고 **18** 또 이르되 내가 이렇게 하리라 내 곳간을 헐고 더 크게 짓고 내 모든 곡식과 물건을 거기 쌓아 두리라 **19** 또 내가 내 영혼에게 이르되 영혼아 여러 해 쓸 물건을 많이 쌓아 두었으니 평안히 쉬고 먹고 마시고 즐거워하자 하리라 하되 **20** 하나님은 이르시되 어리석은 자여 오늘 밤에 네 영혼을 도로 찾으리니 그러면 네 준비한 것이 누구의 것이 되겠느냐 하셨으니 **21** 자기를 위하여 재물을 쌓아 두고 하나님께 대하여 부요하지 못한 자가 이와 같으니라

▶ 내 삶에 적용하기

한 달의 생활비로 내가 "원하는 돈의 액수"와 "필요한 돈의 액수"를 적어보고, 그 차액이 발생하는 이유를 적어 봅시다. 그리고 그 차액이 생기는 이유를 하나님께서는 어떻

게 생각하실지 추측해 봅시다.

원하는 돈의 액수 :   원
필요한 돈의 액수 :   원
차   액 :   원

차액이 생기는 이유는?
_____
_____

하나님의 생각은?
_____
_____

'돈'에 대한 반듯한 생각

우리는 자신에게 주어진 물질을 가지고 충분히 누리며 살 기회가 있다고 생각을 합니다. 사실 돈이라는 것은 우리의 물질적인 욕구, 육체적인 욕구를 가장 잘 만족시켜 줄 수 있는 유용한 도구임을 부인할 수 없습니다. 그러나 **성령 안에서 필요를 아는 사람이 되는 것이 중요**합니다.

물질의 '복'보다는 물질의 '은사'를 구하라

우리는 물질의 복을 구하기보다는 물질의 은사를 구하는 사람이 되어야 합니다. 복은 누리는 것이지만, 은사는 활용하는 것이기 때문입니다.

그리고 은사가 하나님께로부터 오는 것이라는 분명한 신앙이 있다면 우리는 자족의 원리를 배워야 합니다. 그러면 모든 물질에 자유로울 수 있고, 감사할 수 있고, 자족할 수 있습니다.

정리하기

■ **돈의 도덕적인 차원**

나의 보물, 즉 돈지갑이 어디에 사용되느냐 하는 것은 바로 (　　　)의 문제와 관련이 있습니다. (　　　)인 차원에서 돈의 문제를 다루어야 하는 이유도 바로 인간의 타락한 본성이 돈에 아주 약하기 때문입니다. 그러므로 영적인 문제에서 승리한 사람의 **구체적인 행동지침이** (　　　) 차원에서 나타나야 합니다.

■ **욕망! 치료해야 할 질병**

본래 인간은 하나님의 (　　　)을 가지도록 지음을 받았기 때문입니다(창 1:27). 그런데 이러한 거룩한 본성이 하나님을 떠남으로 인해 (　　　)을 가지게 되었습니다.
욕망은 자연스러운 인간의 본성이 아니라 (　　　)해야 할 질병입니다.

■ **욕망의 문제 해결하기**

살 집이 필요합니다. 그런데 어떤 집을 원하십니까? 여기에서 (　　　)한 것과 (　　　)하는 것의 차이가 생길 수 있습니다. 차가 필요합니다. 그러나 어떤 차를 타기를 원하십니까? 바로 여기에 실제적으로 원하는 것과 필요한 것 사이의 (　　　)이 존재하는 것입니다.

■ **거룩한 고민**

돈의 필요에 따라, 육체의 욕망에 따라 살아가는 사람은 (　　　)의 사람이 아닙니다.
우리에게는 이러한 (　　　)이 있어야 합니다. 돈의 많고 적음에 대한 고민이 아니라, 하나님께서 내가 가지고 있는 돈을 어떻게 생각하시는지에 대한 (　　　)이 바로 그것입니다.

■ **물질의 '복' 보다는 물질의 '은사'를 구하라**

우리는 물질의 복을 구하기보다는 물질의 (　　　)를 구하는 사람이 되어야 합니다. 복은 누리는 것이지만, (　　　)는 활용하는 것이기 때문입니다.

크리스천의 경제생활

3 신앙인의 돈 모으기(1)
돈! 절제의 열매

생각 열기

나 자신의 돈에 대한 숨겨진 생각을 알아보기 위한 것입니다. 아래의 물음에 솔직하게 답변해 보세요.

1. 내가 돈을 모으는(또는 모아야 하는) 이유 세 가지를 중요한 순서대로 적어 보세요.

   1 순위 : _____
   2 순위 : _____
   3 순위 : _____

2. 내가 생각하는 이 시대에 돈을 가장 잘 모을 수 있는 방법 세 가지를 중요한 순서대로 적어 보세요.

   1 순위 : _____
   2 순위 : _____
   3 순위 : _____

목표 알기

1. 하나님의 자녀로서 품위를 잃지 않고 돈을 모아야 하는 이유를 '부득이한 선택' 이라는 용어를 사용하여 설명할 수 있다.
2. 돈만으로는 크리스천의 품위를 지킬 수 없다는 것을 예를 들어 설명할 수 있다.
3. 하나님께서 기뻐하시는 재물을 모으기 위해 우리에게 필요한 것이 무엇인지를 갈라디아서 5장 22~25절 말씀을 인용해 설명할 수 있다.
4. '투기' 의 의미를 '투자' 와 비교하여 설명하고, '투기' 가 크리스천의 영적 생활에 미치는 부정적인 영향을 짧은 글로 표현할 수 있다.

오늘의 말씀

마태복음 6:19~24

19 너희를 위하여 보물을 땅에 쌓아 두지 말라 거기는 좀과 동록이 해하며 도둑이 구멍을 뚫고 도둑질하느니라 20 오직 너희를 위하여 보물을 하늘에 쌓아 두라 거기는 좀이나 동록이 해하지 못하며 도둑이 구멍을 뚫지도 못하고 도둑질도 못하느니라 21 네 보물 있는 그 곳에는 네 마음도 있느니라 22 눈은 몸의 등불이니 그러므로 네 눈이 성하면 온 몸이 밝을 것이요 23 눈이 나쁘면 온 몸이 어두울 것이니 그러므로 네게 있는 빛이 어두우면 그 어둠이 얼마나 더하겠느냐 24 한 사람이 두 주인을 섬기지 못할 것이니 혹 이를 미워하고 저를 사랑하거나 혹 이를 중히 여기고 저를 경히 여김이라 너희가 하나님과 재물을 겸하여 섬기지 못하느니라

배워보기

교정된 시각

우리는 흔히 교회 안에서 사람을 평가할 때, '청빈(淸貧)' 을 아주 높은 가치로 판단했습니다. 잠언 16장 8절의 말씀에도 "적은 소득이 공의를 겸하면 많은 소득이 불의를 겸한 것보다 나으니라"라고 되어 있습니다. 그러나 이것을 적은 소득이 많은 소득보다 낫다고 해석하는

데는 무리가 있습니다.

지난 과에서 우리는 물질의 위험성에 대하여 말씀을 나누었습니다. 그리고 지혜서 기자에게서 물질이 적으므로 죄를 짓지 않게, 물질이 많으므로 하나님을 멀리하지 않게 기도하는 지혜로움을 엿보았습니다(잠 30:7~9). 그러나 **문제는, 많고 적음의 기준도 모호하다는 것입니다. 결국 '필요한 것만큼' 이라는 것도 신앙적으로 하나님 앞에 나 자신이 결단할 문제입니다.**

청빈이 좋은 것이기는 하지만, 대부분의 사람들은 가난하게 살고 싶어 하지는 않습니다. 그리고 참으로 아이러니한 것은 현재 청빈을 이야기하는 많은 사람들이 스스로는 청빈하지 않다는 것입니다. 그렇다면 정말 물질의 궁핍함 가운데서 어려움을 겪어본 사람들, 물질의 부족함 때문에 죄에 대한 유혹을 느껴본 사람들이 가난을 즐길 수 있다고 말할 수 있을까요?

품위 있는 돈 모으기

"보물을 땅에 쌓아 두지 말라." 이것은 물질에 연연해서 살지 말고 품위 있게 살라는 말입니다. 물질에 연연하지 않기 위해서 물질을 모아야 한다는 것, 물질에 연연하지 않기 위해서 물질이 있어야 한다는 것, 조금 이율배반적인 말처럼 들리지만 그것이 사실입니다. 만약 우리 그리스도인들이 물질 때문에 하나님의 자녀로서의 품위를 잃는다면 하나님께서 기뻐하지 않으실 것입니다.

이전 세대의 신앙인들에게는 돈의 많음이 문제가 아니라, 돈의 적음이 문제였습니다. 그래서 돈이 없음에도 불구하고 품위를 잃지 않는 것이 하나님을 믿는 사람이 보여 줘야 하는 처신이었습니다. **돈이 없는 것 때문에 구차하게 보여, 우리가 믿는 하나님께서 그런 분으로 오해가 될까 봐 말입니다.**

🔄 생각 바꾸기

지금도 가끔 하는 이야기이지만, 저희 가정이 철원에서 살던 시절에 어머니는 점심이 되면 부엌에서 군불을 때셨답니다. 혹시라도 목사님 가정이 굶는다고 할까 봐 말입니다. 그리고 몰래 나물을 뜯으러 가셨다가, 독사에 물려 죽을 뻔한 이야기도 들었습니다. 그래서 저희 집에 가훈처럼 내려오는 이야기가 "목사는 땅바닥에

> 코를 박고 죽어도 교인들에게 돈 없다는 이야기를 하는 게 아니다."였습니다.
> 　그야말로 가난했지만 품위를 잃지 않으려고, 가난했지만 두려워하지 않고 담대하게 살던 때의 모습입니다. 이는 결국 믿는 자의 품위를 잃지 않고, 하나님의 영광을 가리지 않기 위해 돈이 필요하다는 말이지요. 물질이 복은 아니지만, 믿지 않는 사람들이 오해할까 봐 품위를 잃지 않고 살아가는 크리스천의 모습이야말로 실제적인 일입니다.
> 　저희 어머니가 밥을 굶는 것으로 불행하다거나, 비참했다고 생각하지 않습니다. 아니 오히려 힘들고 어려운 때, 형언할 수 없는 기쁨과 감사함의 생활을 할 수 있음도 우리는 부인하지 않습니다. - 김병삼 목사

부득이한 선택! 그러나 품위는 잃지 않기

여러분이 가난함 가운데서 의연하게, 가난을 즐기면서, 하나님의 은혜가 내게 족하다고 믿으면서 살 자신이 있다면 돈을 모아야 할 하등의 이유가 없습니다. 그러나 그렇지 못한 것이 문제입니다. 물질의 없음은 당장 불편함으로, 혹은 하나님을 예배할 수도 없는 환경으로, 혹은 궁핍함으로 인해 하나님을 원망하는 지경에까지 이를 수도 있기 때문입니다.

현실적인 면에서 돈이 필요할 뿐만 아니라 규모 있는 삶을 통해 품위를 잃지 않기 위해서는 어쩔 수 없이 돈을 모아야 한다는 선택을 해야 합니다. 이런 면에서 저는 이런 정의를 내리게 됩니다. "돈을 모으는 것은 부득이한 선택이다."

'부득이(不得已)' 함이란 "상황이 그럴 수밖에 없다"는 말인데, 노자는 "부득이하게 어떤 일을 행할 때는 필요한 만큼만 하고 중단해야 한다"고 가르칩니다.

우리가 사는 사회의 현실이 20대 중반부터 길어야 60대까지 일을 할 수밖에 없다면, 부득이하게 돈을 모아야 합니다. 노년을 보내기 위해서 말입니다.

그러나 그 모아 놓은 돈 때문에 어리석은 부자처럼 하나님을 저버리는 사람이 되지 않아야 합니다. 돈을 모으는 일에 치중하다가 하나님을 잃어버리고, **돈을 모으는 일을 하나님의 일보다 중요하게 생각하여 신앙을 저버리지 않게 해야 합니다.** 왜냐하면 우리가 돈을 모으는 것 때문에 하나님의 자녀로서의 품위를 잃어버릴 수 있기 때문입니다.

▶ 내 삶에 적용하기

현재 내가 모으는 돈(또는 모으려고 하는 돈)의 용도를 생각나는 대로 적어보고, 그것이 하나님의 자녀로서의 품위를 지키기 위한 '부득이한 선택' 인지 아닌지를 ✓ 표시해 봅시다.

모으는 돈의 용도	'부득이한 선택' 여부
_____	➡ '부득이한 선택' 이다 ☐ 아니다 ☐
_____	➡ '부득이한 선택' 이다 ☐ 아니다 ☐
_____	➡ '부득이한 선택' 이다 ☐ 아니다 ☐
_____	➡ '부득이한 선택' 이다 ☐ 아니다 ☐
_____	➡ '부득이한 선택' 이다 ☐ 아니다 ☐

☺ 돈 유머

한국 최고의 갑부가 누군지 아는가?
그는 바로 … 홍길동이다.
못 믿겠는가?
가까운 동사무소나 관공서를 가 보라.
웬만한 토지의 소유자는 홍길동이다.
그뿐인가?
가까운 은행에 찾아가 보라.
웬만한 통장은 모두 '홍길동'으로 등록돼 있다.
어찌 최고의 갑부라 아니할 수 있겠는가?

당신은 하나님의 명품(名品)

우리가 하나님의 자녀로서의 품위를 지키기 위해서 필요한 물질이 점차 변질되어 갑니다. 돈 모으기와 그것으로 이어지는 부(富)가 '명품선호' 와 '과소비' 로 이어지면서 물질로 나를 드러내려는 생각이 싹트기 시작하여, 자신을 돈으로 포장하고 치장하려고 하기 때문입니다. 그러나 돈으로 우리의 품위를 지킬 수는 없습니다.

하나님의 자녀로서의 품위를 지키기 위해 필요한 물질이지만 결국은 그 돈 때문에 하나님의 자녀로서의 품위를 잃어버리는 결과가 만들어질 수도 있습니다.

돈보다 하나님을 의지할 때는 외모에 신경을 쓰는 것이 그렇게 중요하지 않습니다. 내가 하나님을 의지하는 한, 하나님의 자녀로서의 관계가 분명하고 확신에 차 있는 한 외적으로 드러나는 것들이 나에게 그다지 중요하게 느껴지지 않기 때문입니다. 그런데 돈을 의지하기 시작하면서 돈으로 나를 드러내기 시작합니다.

언젠가 아침 TV 프로에 대머리인 분들이 나와서 대담하는 것을 보았습니다. 머리카락이 없는 것 때문에 콤플렉스를 가지고 자꾸 감추려는 사람이 있는가 하면, 그냥 드러내 놓고 자신감을 표현하는 사람도 있었습니다. 그런데 자신감이 있는 사람을 보니까, 무엇인가 삶의 확실한 목표가 있고 이루어 놓은 것이 있는 사람들이었습니다. 다른 사람의 외적인 평가보다는 자신의 가치가 중요함을 아는 사람이었던 것입니다. **돈으로 제 모습을 치장하는 것보다 중요한 것이 하나님의 인정이 아니겠습니까?**

돈 모으기도 중요합니다. 왜냐하면 돈이 하나님의 자녀로서의 품위를 지켜줄 수 있기 때문입니다. 그러나 그 모으기의 결과로 인해 하나님의 작품으로서의 당신의 품위를 잃을 수 있음도 기억해야 합니다. 우리가 모두 하나님의 작품이요, 명품임을 생각할 때, **돈은 필요한 것이지 돈에 의해 나의 가치가 좌우되어서는 안 됩니다.**

▶ 내 삶에 적용하기

현재 돈으로 나의 품위를 지키려고 노력하고 있는 것들은 무엇인지를 써 보고, 그러한 나의 노력에 대한 하나님의 마음을 상상하여 적어 봅시다.

돈으로 나의 품위를 지키려는 노력	나의 노력에 대한 하나님의 마음

절제의 열매, 돈!

가장 신앙적인 '물질 모으기'는 '절제의 열매'를 통해 얻어지는 것입니다. 갈라디아서 5장 22~23절에 나오는 성령의 열매 중 하나가 바로 '절제'입니다. 성령의 소욕을 따라 살다가 자연스럽게 맺어지는 열매, 절제하다 보니까 모여지는 재물이야말로 하나님께서 기뻐하시는 재물입니다.

묵상하기

갈라디아서 5장 22~25절
22 오직 성령의 열매는 사랑과 희락과 화평과 오래 참음과 자비와 양선과 충성과 23 온유와 절제니 이같은 것을 금지할 법이 없느니라 24 그리스도 예수의 사람들은 육체와 함께 그 정욕과 탐심을 십자가에 못 박았느니라 25 만일 우리가 성령으로 살면 또한 성령으로 행할지니

품위 있는 돈 모으기

믿는 사람들이 품위 있게 돈을 모으기 위해서는, "개처럼 벌어서 정승처럼 쓴다." "모로 가도 서울만 가면 된다." 이런 말들을 주의해야 합니다. 이는 목표를 위하여 수단을 정당화하는 말이기 때문입니다.

우리나라 사람들은 부자에 대하여 아주 부정적인 시각을 가지고 있습니다. 그래서 좋은 차를 탄다거나, 좋은 집을 소유하는 것만으로도 사람들의 질시의 대상이 되고, 혹은 강탈의 대상이 되기도 합니다. 이것은 단순히 돈이 많기 때문이 아니라, 그것이 부정한 돈이라는 인식 하에 빼앗는 것을 정당화하기 때문입니다.

그래서 목회자를 바라볼 때에도 가난을 이야기하면 무엇인가 괜찮아 보이는데, 부유함을 이야기한다든지, 좋은 옷, 좋은 차를 타면 좋지 않은 시각으로 보는 이유가 거기에 있습니다. 성경에서는 복에 관한 말씀을 많이 하는데 물질의 복을 복으로 이야기할 수 없다면 얼마나 비극적인 일이겠습니까?

크리스천은 적어도 우리가 처한 환경, 즉 우리가 살고 있는 이 자본주의 사회에서 돈을 모으는 데 있어서 하나님의 자녀로서의 품위를 잃지 말아야 합니다.

'돈 모으기'에 대한 반듯한 생각

돈을 모으는 데 있어서도 크리스천은 하나님의 자녀로서의 품위를 잃지 말아야 한다고 하였습니다. 그러면 어떤 것이 품위 있는 모으기이고, 어떤 것이 그렇지 않은 것일까요?

건전한 투자와 투기를 구분하라

자본주의 사회에서 투자는 경제 발전의 밑천이 되는 것입니다. 더 많은 수익을 위해서가 아니라 사회 발전을 위해 투자한다는 생각은 건전한 것입니다. 그러나 문제가 되는 것은 '투기'입니다. 투기란 단시간에 대폭적인 가격 변동이 있을 것을 예견한 매매행위이며, 돈벼락을 맞을 기회를 위해 던지는 일, 가장 쉽고 빠르게 큰돈을 벌려는 데 목적이 있기 때문입니다.

조금 더 구체적으로 이야기하자면 당신이 맞은 돈벼락 때문에 다른 사람이 재앙을 받고 있다면 옳은 일이 아닙니다. 우리가 이렇게 손해 보는 사람들을 직접 만날 수 없기 때문에 심각하게 느끼지 못하지만 말입니다. 대표적인 경우로 복권을 들 수 있습니다. 수많은 사람들의 손실 때문에 내가 돈벼락을 맞는다면 그것은 올바른 경제 행위가 아니라는 말입니다.

또한 불로소득을 기대하는 것은 옳은 신앙의 행위가 아닙니다. 땀을 흘리지 않은 돈은 결국 그 사람을 타락시키거나 가정을 파괴하는 원인이 될 수 있기 때문입니다. 더욱 중요한 것은 투기에 사로잡히면 영적 생활에 큰 지장을 받습니다. 삶의 목표가 흔들리게 됩니다.

예를 들어, 주식을 사 놓고 틈만 나면 주식 시세표를 보며 일희일비하는 사람들의 경우를 볼 때, 언제부터인가 이 사람들의 삶의 목표가 주식 시세에 따라 좌지우지되어 가는 것을 보게 됩니다. 이처럼 돈을 모으는 일이 중요하기는 하지만, 영적 생활을 방해하는 '투기'로 변질되는 것은 경계해야 합니다.

이런 의미에서 목회자나 교인이 주식 값이 오르기를 위해 기도한다는 것은 아주 비신앙적인 행위입니다. 그러나 건전한 의미에서 내가 투자한 회사가 잘되기를 원하는 마음은 가져도 됩니다. 여러분이 돈을 모으는 데 있어서 여유 돈을 가지고 건전한 방식의 투자가 되는 것은 좋으나, 일확천금의 기회를 기대하고 두리번거리는 것은 그리스도인에게 어울리지 않는 행위입니다.

> ## 생각 바꾸기
>
> 일을 하다가 점심시간에 대전의 어느 초등학교 앞에 있는 한식집을 찾게 되었습니다. 식사를 마치고, 밖에 나와 커피 한 잔을 마시며 포만감을 만끽하는 중이었죠. 그런데 문구점 앞 어린이용 자판기(일명 뽑기) 앞에 초등학생들이 우르르 모여 있는 것이 아닙니까? 아직 남아 있을지 모르는 나의 동심이라도 한번 자극해 보기 위해, 그 무리 속으로 들어가 보았습니다.
>
> '달고나나 뭐, 배 모양의 사탕과자를 주는 제비뽑기 같은 거겠지.' 라고 생각하였는데 제 눈에 띈 것은 어른들의 갬블 수준에서나 볼 수 있는 현금을 노린 자판기가 있었습니다. 100원을 넣고 레버를 돌리면 한 개씩 빠져나오는 동그란 통들. 그 속에는 자그마한 종이쪽지가 들어 있었고, 그 쪽지에는 '다음에 도전하세요' 라는 문구만 적혀 있었습니다. 그리고 자판기에는 명함만 한 종이에 "1등 3000, 2등 2000, 3등 1000, 4등 500, 5등 100" 이렇게 적혀 있었고요.
>
> '설마 현금으로 준다는 거겠어?' "꼬마야, 이거 1등 되면 삼천 원 돈으로 주는 거야?"
>
> "네! 제 친구 2등 돼서 이천 원 받아갔어요!" "…"
>
> 그 수많은 종이쪽지 중에 과연 1등이 몇 개나 있을까요? 그리고 그 초등학생 친구는 이천 원을 뽑기 위해 100원짜리를 몇 개나 넣었을까요?
>
> 이제는 초등학생용 자판기에도 현금이 오가고, 욕심 많은 어른들은 어른들의 돈을 빼앗아 가는 것이 모자라서 코 묻은 돈까지 가져가다니…. 얼마나 많은 돈을 벌어야 하기에…. 나도 어른이지만, 이해할 수가 없었습니다. 인간이란 왜 이리 욕심이 많은지요. – 어느 인터넷 사이트에서

당신이 버는 돈으로 인해 다른 사람의 눈에 눈물이 나지 않게 하십시오. 당신이 돈을 번 부분에 대하여 자랑스럽게 이야기할 수 있어야 합니다. 하나님께 영광이 되었노라고 자부할 수 있어야 합니다.

▶ 내 삶에 적용하기

내가 돈을 모으는(또는 모으려고 하는) 방법을 생각나는 대로 적어보고, 그것들을 '투자' 와 '투기'로 구분하여 봅시다.

투자	투기
① _____	① _____
② _____	② _____
③ _____	③ _____

정리하기

■ **부득이한 선택! 그러나 품위는 잃지 않기**

현실적인 면에서 돈이 필요할 뿐만 아니라 **규모 있는 삶을 통해** (　　　)를 잃지 않기 위해서는 어쩔 수 없이 돈을 모아야 한다는 선택을 해야 합니다.

돈을 모으는 일을 하나님의 일보다 중요하게 생각하여 (　　　)을 저버리지 않게 해야 합니다. 왜냐하면 우리가 돈을 모으는 것 때문에 **하나님의 자녀로서의** (　　　)를 잃어버릴 수 있기 때문입니다.

■ **당신은 하나님의 명품(名品)**

하나님의 자녀로서의 (　　　)를 지키기 위해 필요한 물질이지만 결국은 그 돈 때문에 하나님의 자녀로서의 (　　　)를 잃어버리는 결과가 만들어질 수도 있습니다.

우리 모두가 **하나님의** (　　　)이요, (　　　)임을 생각할 때, 돈은 필요한 것이지 돈에 의해 나의 가치가 좌우되어서는 안 됩니다.

■ **절제의 열매, 돈!**

(　　　)의 소욕을 따라 살다가 자연스럽게 맺어지는 열매, 절제하다 보니까 모여지는 재물이야말로 하나님이 기뻐하시는 재물입니다.

■ **건전한 투자와 투기를 구분하라**

불로소득을 기대하는 것은 옳은 신앙의 행위가 아닙니다. 땀을 흘리지 않은 돈은 결국 그 사람을 (   )시키거나 가정을 (   )하는 원인이 될 수 있기 때문입니다.

이처럼 돈을 모으는 일이 중요하기는 하지만, **영적 생활을 방해하는 '(   )' 로 변질되는 것은 경계해야 합니다.**

당신이 버는 돈으로 인해 **다른 사람의 눈에 (   )이 나지 않게 하십시오.** 당신이 돈을 번 부분에 대하여 자랑스럽게 이야기할 수 있어야 합니다. **하나님께 (   )이 되었노**라고 자부할 수 있어야 합니다.

크리스천의 경제생활

신앙인의 돈 모으기(2)
부(富)! 성령의 열매

생각 열기

나 자신의 돈에 대한 숨겨진 생각을 알아보기 위한 것입니다. 아래의 물음에 솔직하게 답변해 보세요.

> 얼마 전 국민기초생활 수급자인 80대 할머니가 어렵게 모은 돈을 사회복지공동모금회에 기부했다는 소식을 접했다. 물론 어려운 이웃을 돕고 사는 것은 아름다운 일이다. 그러나 할머니의 선행 뒤에는 자신의 기본적인 생활조차 지키지 못하는 모습이 숨겨져 있었다. 끼니를 복지회관에서 해결하고, 전기·가스·보일러 등을 잘 안 써왔다고 한다. (중략)
> 부를 누리고 사회적으로 높은 지위에 있는 사람들의 기부는 권장해야 할 일이다. 그리고 덜 가진 사람은 그에 맞게 이웃과 더불어 살아가는 방법을 제시해야 한다. 전세방 대신 기부를 택한 할머니의 모습을 보면서, 우리의 기부문화를 다시 한 번 생각해 본다.
> – 한겨레신문 2007년 3월 16일자, 어느 독자기자의 글

위의 글을 읽고 올바른 크리스천의 돈 모음과 그에 따른 기부문화에 대한 나의 평소 생각을 짧게 적어 보세요.

_____
_____

목표 알기

1. 크리스천의 올바른 돈 모으기에 대한 정의 네 가지를 말할 수 있다.
2. 레위기 19장 15~16절의 말씀을 읽고 옳고 그름의 기준이 돈에 있지 않음을 다른 성도에게 설명할 수 있다.
3. 많은 사람들이 돈을 모으지 못하는 이유를 나 자신의 예를 들어 설명할 수 있다.
4. 미래의 안전을 저축한 돈에서 찾으려는 태도가 크리스천에게 왜 위험한지를 마태복음 6장 25~33절의 말씀을 인용해 증명할 수 있다.
5. 크리스천의 부(富)가 성령의 열매여야 하는 이유를 짧은 글로 표현하여 적을 수 있다.

오늘의 말씀

마태복음 6:19~24

19 너희를 위하여 보물을 땅에 쌓아 두지 말라 거기는 좀과 동록이 해하며 도둑이 구멍을 뚫고 도둑질하느니라 20 오직 너희를 위하여 보물을 하늘에 쌓아 두라 거기는 좀이나 동록이 해하지 못하며 도둑이 구멍을 뚫지도 못하고 도둑질도 못하느니라 21 네 보물 있는 그 곳에는 네 마음도 있느니라 22 눈은 몸의 등불이니 그러므로 네 눈이 성하면 온 몸이 밝을 것이요 23 눈이 나쁘면 온 몸이 어두울 것이니 그러므로 네게 있는 빛이 어두우면 그 어둠이 얼마나 더하겠느냐 24 한 사람이 두 주인을 섬기지 못할 것이니 혹 이를 미워하고 저를 사랑하거나 혹 이를 중히 여기고 저를 경히 여김이라 너희가 하나님과 재물을 겸하여 섬기지 못하느니라

배워보기

교정된 시각

마태복음 6장 19~24절의 말씀은 "너희를 위하여 보물을 땅에 쌓아 두지 말라."로 시작하고 있습니다. 이러한 말씀을 토대로 지난 과에서 우리는 크리스천의 '돈 모으기'에 대해 세 가지 중요한 사실을 발견하였습니다.

첫째는 '돈을 모으는 것' 에 대해 부정하지 않는다는 것입니다.

둘째는 '돈을 모으는 이유' 가 분명하다는 것, 즉 '자신을 위하여 보물을 쌓지 말라' 는 것입니다.

마지막은 건전한 '투자' 를 해야 한다는 것, 즉 돈을 번 부분에 대하여 하나님께 영광이 되었노라고 자부할 수 있어야 한다는 것입니다.

이러한 세 가지 메시지를 바탕으로 신앙인의 올바른 돈 모으기를 위하여 우리는 다음과 같은 정의를 내릴 수 있습니다.

1. 깨끗함은 깨끗한 것 그 자체이지 가난함에 있는 것이 아닙니다.
2. 옳음의 기준이 물질의 많고 적음에 있지 않습니다.
3. 가난이 싫습니다. 그러나 두렵지는 않습니다.
4. 그러나 돈을 모으는 것의 위험성은 경계해야 합니다.

돈 모으기에 대한 올바른 정의

깨끗함은 깨끗한 것 그 자체이지 가난함에 있는 것이 아닙니다.
어떤 성도가 돈에 관해 자녀에게 보낸 편지의 내용입니다.

> 부모에게는 아이가 공부를 못해도 예쁘지만 공부를 잘해서 미워진 아이가 없듯이, 자녀들 입장에서 부모가 가난해도 행복하기에 부모를 몹시 사랑하고 존경하는 아이들도 있고, 부모가 가난해서 싫어하는 아이도 있지만, 부자라는 이유만으로 부모를 미워하는 아이들은 없단다. 이렇듯 인생에서 돈이란 우리가 생각하는 것보다 관념적으로도 철학적으로도 그리고 현실적으로도 중요한 것이란다.
>
> 돈이 없어도 살 수 있는 것은 분명하지만 돈이 없이는 잘 살 수 없고, 돈이 곧 행복은 아니지만 돈이 없다는 것이 행복은 더욱 아니란다.
>
> 혹시라도 인생에서 돈이 행복에 필수적인 것이 아니라고 말하는 사람은 돈을 벌 자신이 없거나 자신이 부유하지 않은 것을 합리화하는 사람이든지, 아니면 해탈한 종교인이나 철학자든지 둘 중 하나일 가능성이 높으며, 아빠는 그래서 돈이 인생에서 가장 중요하고 기본적인 요소라고 단정한단다. 돈으로 대표되는 경제적 안정은 사람에게 자신감을 주고, 원만

> 한 인간관계, 품격 있는 사랑, 취미, 고상한 말씨 등 사람을 끝없는 미지의 영역으로 이끌어 주는 관문과 같은 것이란다.

위의 편지에서 알 수 있듯이 깨끗하게 살기 위해서 가난함을 두려워하지 않는 것은 훌륭한 일이지만, 가난해야만 깨끗하다는 생각은 잘못된 것입니다.

옳음의 기준이 물질의 많고 적음에 있지 않습니다.

여러분에게 묻고 싶은 것이 있습니다. 부자와 가난한 사람이 싸우면 누구 편을 들어야 하겠습니까? 대부분의 사람들은 '가난한 사람'의 편에 서야 한다고 하지만, 정답은 둘 중에 '옳은 사람' 편에 서야 한다는 것입니다. 하나님 역시 가난한 자의 편을 들어 주시는 것이 아니라, 옳은 자의 편을 들어주시는 분입니다.

묵상하기

레위기 19장 15~16절
15 너희는 재판할 때에 불의를 행하지 말며 가난한 자의 편을 들지 말며 세력 있는 자라고 두둔하지 말고 공의로 사람을 재판할지며 16 너는 네 백성 중에 돌아다니며 사람을 비방하지 말며 네 이웃의 피를 흘려 이익을 도모하지 말라 나는 여호와이니라

가난이 싫습니다. 그러나 두렵지는 않습니다.

물질에 대한 정직한 판단으로 돌아가 봅시다. 어떤 가난한 시골 교회 사모님이 그러셨답니다. "나는 가난이 싫어." 얼마나 힘들게 사셨으면 저런 말씀을 하실까요? 그런데 그 다음 말이 중요합니다. "그러나 가난이 무섭지는 않아."

가난은 좋아할 만한 것은 아닙니다. 가난이 싫다고 하는 것은 정직하고 건강한 반응입니다. 그러나 우리가 힘써야 하는 것은 가난을 무서워하지 않는 것이지, 가난을 좋아하라는 것은 아닙니다.

이런 맥락에서 보면, 크리스천이 돈에 대한 욕심을 가지지 않고 사는 것은 옳지만, 무조건 가난해야 한다는 것은 옳은 생각이 아닙니다. 모든 사람이 그렇지는 않지만, 많은 사람들이 돈을 모으지 못하는 이유는 '규모 없는 삶'을 살기 때문입니다. 자신의 수입보다 많은 것을

쓰기 때문입니다. 적극적으로 자신이 가난에 처하므로, 나누어주는 자발적인 가난 때문에 돈을 모으지 못했다면 떳떳하며 자랑할 만한 일입니다.

여기에서 한 가지 주의해야 할 것은 '가난을 정당화하는 패배주의자의 모습'입니다. 즉 자신의 잘못된 삶의 방식으로 기인한 가난을 정당화하려고 하고, 자신의 노력 없음을 '하나님의 뜻'으로 돌리고 사는 무책임한 사람의 모습 말입니다. 나 스스로 가난해지기를 원하지 않았다면, 가난을 미화하지 말아야 합니다.

☺ 돈 유머

미국의 철강왕 카네기에게 사회주의 이념에 불타는 사람이 찾아와서는 자본주의라는 악마가 얼마나 커다란 불평등을 야기했는지 장황하게 설명했다.
"그래서 카네기 당신이 내 몫까지 차지한 것이오."
카네기는 그의 말을 인내심 있게 다 듣고 나서 비서를 인터폰으로 호출하더니 자신의 전재산 금액과 전 세계 인구수를 알아보라고 지시했다.
"여기, 이 사람, 자기 몫 16센트(150원) 줘서 내보내시오."
(카네기 총재산 ÷ 전 세계 인구수 = 16센트)

▶ 내 삶에 적용하기

내가 돈을 모으지 못하는 이유가 무엇인지 써 보고, 그 해결책을 제시해 봅시다.

돈을 모으지 못하는 이유	해결책

그러나 돈을 모으는 것의 위험성은 경계해야 합니다.

"너희를 위하여 보물을 땅에 쌓아 두지 말라"는 말씀은 돈을 하나님처럼, 더 나아가 하나님보다 더 믿고 의지하지 말라는 것이지, 돈에 대해 바른 계획을 세우고 규모 있게 저축하며 사는 것을 금하신 것은 아닙니다. 그러나 성경의 어디에도 물질을 모으는 것이 복음적이라거나, 하나님의 뜻이라고 이야기할 근거도 없습니다. 그러므로 돈을 모은다는 것은 어떻게 보면 '어쩔 수 없는 인간의 선택'이라는 생각이 듭니다. 그러나 '어쩔 수 없는 인간의 선택'이란 말에서 우리는 크리스천이 돈을 모으는 것이 하나님보다 물질을 더 의지하기 때문에 생겼음을 알 수 있습니다.

우리 주님께서 가르쳐 주신 기도에도 (마 6:11) "일용할 양식을 위해" 기도하라고 되어 있습니다. 왜냐하면 하나님은 우리 인간들이 매일매일 하나님을 의지하는 사람이 되기를 원하시기 때문입니다. 또한 마태복음 6장 26절에 "공중의 새를 보라. 심지도 않고 거두지도 않고 창고에 모아들이지도 아니하되 너희 하늘 아버지께서 기르시나니…"라고 말씀하시며, 이 말씀을 마치신 후에는 '염려'는 이방인들의 것이라고 말씀하셨습니다.

묵상하기

마태복음 6장 25~33절

25 그러므로 내가 너희에게 이르노니 목숨을 위하여 무엇을 먹을까 무엇을 마실까 몸을 위하여 무엇을 입을까 염려하지 말라 목숨이 음식보다 중하지 아니하며 몸이 의복보다 중하지 아니하냐 26 공중의 새를 보라 심지도 않고 거두지도 않고 창고에 모아들이지도 아니하되 너희 하늘 아버지께서 기르시나니 너희는 이것들보다 귀하지 아니하냐 27 너희 중에 누가 염려함으로 그 키를 한 자라도 더할 수 있겠느냐 28 또 너희가 어찌 의복을 위하여 염려하느냐 들의 백합화가 어떻게 자라는가 생각하여 보라 수고도 아니하고 길쌈도 아니하느니라 29 그러나 내가 너희에게 말하노니 솔로몬의 모든 영광으로도 입은 것이 이 꽃 하나만 같지 못하였느니라 30 오늘 있다가 내일 아궁이에 던져지는 들풀도 하나님이 이렇게 입히시거든 하물며 너희일까보냐 믿음이 작은 자들아 31 그러므로 염려하여 이르기를 무엇을 먹을까 무엇을 마실까 무엇을 입을까 하지 말라 32 이는 다 이방인들이 구하는 것이라 너희 하늘 아버지께서 이 모든 것이 너희에게 있어야 할 줄을 아시느니라 33 그런즉 너희는 먼저 그의 나라와 그의 의를 구하라 그리하면 이 모든 것을 너희에게 더하시리라

염려가 저축을 해야 하는 이유라면 이것도 어떤 면에서는 불신앙의 모습입니다. 다른 측면으로 본다면 자크 엘롤이 말한 것처럼, 미래의 안전을 저축한 돈에서 찾으려는 태도 때문에 저축이 불신앙의 표시가 될 수 있습니다. 결국 돈을 모으는 이유가 하나님을 의지하지 않고 염려하기 때문에 발생하는 결과여서는 안 됩니다.

예수님도 누가복음 12장 16절 이하의 '어리석은 부자'의 비유에서 많은 수확을 하고, 창고를 크게 짓고 기뻐하는 부자를 향하여, "오늘 밤 내가 네 생명을 취하면 무엇이 유익하겠느냐"고 물으셨습니다. 돈을 모으면, 하나님보다는 돈을 의지하게 되고, 돈을 모으면 모을수록 하나님과 멀어질 수 있다는 가능성을 경계해야 합니다. **변하지 않는 안전 보장은 하나님께 있습니다.**(시 12:5)

묵상하기

시편 12편 5절
5 여호와의 말씀에 가련한 자들의 눌림과 궁핍한 자들의 탄식으로 말미암아 내가 이제 일어나 그를 그가 원하는 안전한 지대에 두리라 하시도다

▶ 내 삶에 적용하기

내가 돈을 모으는 이유를 솔직하게 써 보고, 그 가운데 있는 나도 모르는 불신앙적인 모습을 찾아 써 봅시다.

돈을 모으는 이유	불신앙적인 모습

'돈 모으기'에 대한 반듯한 생각

노블리스 오블리제

'노블리스 오블리제'라는 말이 있습니다. 이는 가진 자의 의무라는 말로, 지켜야 할 도리가 있다는 뜻입니다. 돈을 모으는 것을 하나님의 은사로, 복으로 이해한다면 이에 합당한 의무가 있어야 합니다. 따라서 크리스천이 돈을 모은 후에 합당한 의무를 실행하지 않으면 "너를 위하여 재물을 쌓지 말라"는 말씀에 위배가 된다는 사실입니다.

하나님께서 사용하신 많은 사람들 가운데는 돈이 많은 사람들이 있었습니다. 노아가 부자가 아니었다면 수십 년 동안 그런 방주를 만들 수 있었을까요? 아브라함을 비롯한 족장들은 한 부족을 이룰 만큼 물질적인 여유를 가진 사람들이었습니다. 돈이 적은 사람보다 돈이 많은 사람이 더 큰 일을 물질적으로 할 수 있다는 것을 부인하지 못합니다. 그러나 중요한 것은 그들이 돈이 많은 사람이었으며 하나님의 음성을 들은 사람들이었다는 것입니다.

돈이 없는 것이 부끄러운 일은 아닙니다. 오히려 하나님의 일을 위해 자신의 부를 포기하는 것이 아름다운 일일 것입니다. 그러나 부를 통해 하나님의 일을 할 수 있다는 것도 역시 아름다운 일입니다. 그러므로 크리스천들 가운데 절제하며, 품위 있게 크리스천으로 살아가다가 모아진 부를 하나님의 일을 위하여 쓸 수 있는 사람들이 많아지기를 바랍니다.

부! 성령의 열매여야 합니다.

우리 가운데 많이 가질 수 있음에도 불구하고 다 포기하고 적극적인 가난으로 헌신하는 사람들 모두 아름다운 사람들입니다. 그러나 무절제한 모습과 비신앙적인 모습으로 살다가 치러야 하는 가난의 대가를 미화하는 것은 참 크리스천의 모습이 아닙니다.

가난함 속에서 감사하게 살 수 없다면, 그것으로 인해 죄를 짓지 않게 물질을 모아야 합니다. 더불어 품위를 지키기 위해 돈을 모은다면 성령의 열매인 '절제'로 부의 열매를 거두십시오. 성령의 열매로 열린 것이라면, 결코 자신이 쌓아 놓은 부를 보고 만족하며 하나님을 버리는 일이 없을 것이기 때문이며, 더불어 자신이 모은 모든 부에 대하여 자유할 수 있을 것이기 때문입니다.

그러나 그 자유를 육체의 기회로 삼지 않기를 바랍니다. 자유로 스스로 종노릇하는 마음으로 말입니다.

> 생각 바꾸기

1,006개의 동전

　예상은 하고 갔지만 그 아주머니의 얼굴을 보는 순간 나는 흠칫 놀라고 말았다. 얼굴 한쪽은 화상으로 심하게 일그러져 있었고 두 개의 구멍이 뚫려 있는 것으로 보아 예전에 코가 있던 자리임을 알 수 있을 정도였다.
　순간 할 말을 잃고 있다가 내가 온 이유를 생각해내곤 마음을 가다듬었다.
　"사회복지과에서 나왔는데요."
　"너무 죄송해요. 이런 누추한 곳까지 오시게 해서요, 어서 들어오세요."
　금방이라도 떨어질 듯한 문을 열고 집안으로 들어서자 밥상 하나와 장롱뿐인 방에서 훅하고 이상한 냄새가 끼쳐왔다.
　그녀는 나를 보더니 어린 딸에게 부엌에 있는 음료수를 내어 오라고 시킨다.
　"괜찮습니다. 편하게 계세요. 얼굴은 왜 다치셨습니까?"
　그 한마디에 그녀의 과거가 줄줄이 읊어 나오기 시작했다.
　"어렸을 때 집에 불이 나 다른 식구는 죽고 아버지와 저만 살아남았어요."
　그때 생긴 화상으로 온 몸이 흉하게 일그러지게 되었다는 것이다.
　"그 사건 이후로 아버지는 허구한 날 술만 드셨고 절 때렸어요. 아버지 얼굴도 거의 저와 같이 흉터투성이였죠. 도저히 살 수 없어서 집을 뛰쳐나왔어요."
　막상 집을 나온 아주머니는 부랑자를 보호하는 시설을 알게 되었고, 거기서 몇 년간을 지낼 수 있었다.
　"남편을 거기서 만났어요. 이 몸으로 어떻게 결혼을 했냐고요? 남편은 앞을 못 보는 시각장애인이었지요."
　그와 함께 살 때 지금의 딸도 낳았고, 그때가 자기의 인생에서 가장 행복한 시기라고 그녀는 말했다.
　그러나 행복도 정말 잠시, 남편은 딸아이가 태어난 지 얼마 후 시름시름 앓더니 결국 세상을 등지고 말았다. 마지막으로 그녀가 할 수 있는 것은 전철역에서 구걸하는 일뿐…. 말하는 게 얼마나 힘들었던지 그녀는 눈물을 쏟기 시작했다. 그러던 중 어느 의사 선생님의 도움을 받아 무료로 성형 수술을 할 수 있게 되었지만, 여러

번의 수술로도 그녀의 얼굴은 나아지지 않았다는 것이다.

"의사 선생님이 무슨 죄가 있나요. 원래 이런 얼굴인데 얼마나 달라지겠어요."

수술만 하면 얼굴이 좋아져 웬만한 일자리는 얻을 수 있을 거라는 희망과는 달리 몸과 마음에 상처만 입고 절망에 빠지고 말았단다.

부엌을 둘러보니 라면 하나, 쌀 한 톨 있지 않았다. 상담을 마치고, "쌀은 바로 올라올 거고요. 보조금도 나올 테니까 조금만 기다리세요." 하며 막 일어서려는데 그녀가 장롱 깊숙이에서 무언가를 꺼내 내 손에 주는 게 아닌가?

"이게 뭐예요?"

검은 비닐봉지에 들어서 짤그랑 짤그랑 소리가 나는 것이 무슨 쇳덩이 같기도 했다. 봉지를 풀어보니 그 안에는 100원짜리 동전이 하나 가득 들어 있는 게 아닌가? 어리둥절해 있는 나에게 그녀는 잠시 뜸을 들이다가 말하는 것이었다.

"혼자 약속한 게 있어서요. 구걸하면서 1,000원짜리가 들어오면 생활비로 쓰고, 500원짜리가 들어오면 자꾸 시력을 잃어가는 딸아이 수술비로 저축하고, 그리고 100원짜리가 들어오면 나보다 더 어려운 노인들을 위해 드리기로요. 좋은 데 써 주세요."

내가 꼭 가지고 가야 마음이 편하다는 그녀의 말을 뒤로 하고 집에 들어와서 세어보니 모두 1,006개의 동전이 들어 있었다.

그 돈을 세는 동안 내 열 손가락은 모두 더러워졌지만 감히 그 거룩한 더러움을 씻어 내지 못하고 그저 그렇게 한밤을 뜬눈으로 지새우고 말았다.

– 낮은울타리, 어느 사회복지사의 글

▶ 내 삶에 적용하기

앞으로 10년 후, 내가 절제하며 품위 있게 크리스천으로 산 결과로 얼마 정도의 돈을 모을 수 있는지(또는 모으고 싶은지)를 적고, 성령의 열매인 그 돈의 용도를 적어 봅시다.

10년 후, 모은 돈의 액수 : _____ 원

10년 후, 모은 돈의 용도

① _____ 원 _____
② _____ 원 _____
③ _____ 원 _____
④ _____ 원 _____

정리하기

■ **돈 모으기에 대한 올바른 정의**

깨끗함은 깨끗한 것 그 자체이지 (   )에 있는 것이 아닙니다.

옳음의 기준이 (   )의 많고 적음에 있지 않습니다.

가난이 싫습니다. 그러나 (   )는 않습니다.

그러나 돈을 모으는 것의 (   )은 경계해야 합니다.

■ **가난이 싫습니다. 그러나 두렵지는 않습니다.**

많은 사람들이 돈을 모으지 못하는 이유는 "(   )"을 살기 때문입니다. 자신의 (   )보다 많은 것을 쓰기 때문입니다.

적극적으로 자신이 가난에 처하므로, 나누어 주는 자발적인 가난 때문에 돈을 모으지 못했다면 떳떳하며 자랑할 만한 일입니다.

그러나 스스로 (   )해지기를 원하지 않았다면, (   )을 미화하지 말아야 합니다.

■ **돈을 모으는 것의 위험성은 경계해야 합니다.**

'어쩔 수 없는 인간의 선택'이란 말에서 우리는 크리스천이 돈을 모으는 것이 하나님보다 (   )을 더 의지하기 때문에 생겼음을 알 수 있습니다.

미래의 안전을 저축한 돈에서 찾으려는 태도 때문에 저축이 (   )의 표시가 될 수 있습니다.

변하지 않는 안전 보장은 (   )께 있습니다. (시 12:5)

■ **노블리스 오블리제**

크리스천들 가운데 (   )하며, (   ) 있게 크리스천으로 살아가다가 모아진 부를 하나님의 일을 위하여 쓸 수 있는 사람들이 많아지기를 바랍니다.

■ **부! 성령의 열매여야 합니다.**

(   )의 (   )로 열린 것이라면, 결코 자신이 쌓아 놓은 부를 보고 만족하며 하나님을 버리는 일이 없을 것이기 때문이며, 더불어 자신이 모은 모든 부에 대하여 (   ) 할 수 있을 것이기 때문입니다.

크리스천의 경제생활

5 신앙인의 돈 나누기(1)
나눔! 영성의 결과

생각 열기

나 자신의 돈에 대한 숨겨진 생각을 알아보기 위한 것입니다. 자신에게 해당되는 내용에 솔직하게 ○ 표시해 보세요.

1. 나는 교회에서 하는 헌금과 구제에 대해 심적 부담감을 느낀다. (   )
2. 나는 구제란 돈을 어디에 쓰느냐 하는 개인적 선택의 문제라 생각한다. (   )
3. 나는 많이 가지고 있는 사람이 아니라 많이 주는 사람이 되고 싶다. (   )
4. 나는 헌금과 구제에 언제나 기쁜 마음으로 임한다. (   )
5. 나는 도덕적인 의무감에서 '나눔'을 실천하려고 노력한다. (   )
6. 나는 '나눔의 은사'를 개발하려고 늘 노력한다. (   )

목표 알기

1. 신명기 15장 10절 말씀을 읽고 '나눔'이 영성의 결과임을 다른 성도들에게 설명할 수 있다.
2. '영성적 나눔'이 무엇인지를 밀란의 주교였던 암브로스(Ambrose)의 말을 인용해 설명할 수 있다.
3. '영성적 나눔'이 '도덕적 의무에서의 나눔'과 어떻게 다른지 실생활의 예를 들어 설명할 수 있다.

신앙인의 돈 나누기(1) 53

4. 디모데전서 4장 7절을 인용하여 '나눔의 은사'를 개발하기 위해서는 영적인 차원의 연습이 필요하다는 것을 증명할 수 있다.

오늘의 말씀

신명기 15장 7~11절

7 네 하나님 여호와께서 네게 주신 땅 어느 성읍에서든지 가난한 형제가 너와 함께 거주하거든 그 가난한 형제에게 네 마음을 완악하게 하지 말며 네 손을 움켜 쥐지 말고 8 반드시 네 손을 그에게 펴서 그에게 필요한 대로 쓸 것을 넉넉히 꾸어주라 9 삼가 너는 마음에 악한 생각을 품지 말라 곧 이르기를 일곱째 해 면제년이 가까이 왔다 하고 네 궁핍한 형제를 악한 눈으로 바라보며 아무것도 주지 아니하면 그가 너를 여호와께 호소하리니 그것이 네게 죄가 되리라 10 너는 반드시 그에게 줄 것이요, 줄 때에는 아끼는 마음을 품지 말 것이니라 이로 말미암아 네 하나님 여호와께서 네가 하는 모든 일과 네 손이 닿는 모든 일에 네게 복을 주시리라 11 땅에는 언제든지 가난한 자가 그치지 아니하겠으므로 내가 네게 명령하여 이르노니 너는 반드시 네 땅 안에 네 형제 중 곤란한 자와 궁핍한 자에게 네 손을 펼지니라

배워보기

교정된 시각

부자의 호주머니에는 돈이 없다

성경은 나눔에 대하여 최대한(maximum)이 아닌 '최소한'(minimum)의 요구를 합니다. 신명기 15장 8절에 '반드시' 라는 말이 나오는데 가난한 형제가 너희 주변에 있거든 반드시 도우라는 말씀입니다. 문제는 '어떻게 얼마를 도와야 하는가?' 입니다. 많은 사람들이 헌금이나 구제에 대하여 많은 부담을 느낍니다. 우리의 인생에서도 신앙생활이 부담으로 느껴지는 부분이 바로 이것입니다.

교회에서 건축헌금이나 혹은 구제에 관한 이야기를 예배 시간에 할 때 대부분의 목회자는 긴장을 합니다. 혹시나 교인들에게 아니면 초신자들에게 상처를 주지 않을까 해서 말입니다.

언젠가 교인들이 나누는 이야기 속에서 어려운 사람을 도울 때, 헌금 바구니가 두 번 돌아가는 것에 대하여 '왜 헌금을 먼저 드리고 구제를 나중에 하는가?' 하는 비판의 소리가 있었습니다.

일단 이 부분에 대하여 성경적으로 명확하게 짚고 넘어가겠습니다. 신명기 14장 28~29절에서 "매 삼 년 끝에 그 해 소산의 십분의 일을 다 내어 네 성읍에 저축하여 너희 중에 분깃이나 기업이 없는 레위인과 네 성중에 거류하는 객과 및 고아와 과부들이 와서 먹고 배부르게 하라 그리하면 네 하나님 여호와께서 네 손으로 하는 범사에 네게 복을 주시리라"라고 한 것처럼 하나님께 드리는 것을 우리가 십일조라고 한다면, 가난한 사람을 위한 것은 제2의 십일조, 즉 3년에 한 번 드리는 것이므로 전체 소득에서 보면 30분의 1을 드리는 것입니다. 여러분의 소득에서 30분의 1을 구제로 사용하라는 것입니다. 조금 더 생각을 한다면 '한 달 생활의 하루는 가난한 사람을 위하여'라는 말입니다.

그리고 수입의 나머지는 여러분이 자유롭게 사용할 수 있습니다. 그런데 이 자유를 어떻게 활용할 것이냐의 문제가 남습니다. 갈라디아서 5장 13절에서는 "형제들아 너희가 자유를 위하여 부르심을 입었으나 그러나 그 자유로 육체의 기회를 삼지 말고 오직 사랑으로 서로 종 노릇 하라"라고 하였습니다. 이는 돈을 자유롭게 사용하되 돈의 영적 측면, 즉 우리를 타락하게 할 수 있음을 늘 경계해야 한다는 것입니다. 자유가 육체의 기회가 될 때 문제가 발생하기 때문입니다.

'부자의 호주머니에는 돈이 없다'라는 말은 사실 진짜 부자는 돈을 많이 가지고 다니지 않는다는 의미에서 한 말이지만, 하나님 앞에서는 부자 역시 자기 주머니에 돈을 많이 가진 사람이 아니라는 것을 기억하십시오.

◎ 생각 바꾸기

진정한 부자는 많이 가지고 있는 사람이 아니라 많이 주는 사람이다.
– 초대 교부 중 하나였던 콘스탄티노플의 주교 존 크리소스톰

▶ 내 삶에 적용하기

하나님 앞에서의 부자는 어떤 모습이며 그것을 실천하기 위해 하나님께서 오늘 나에게 결단하기를 원하시는 것이 무언인지 묵상하고, 묵상한 내용을 짧게 써 봅시다.

영성적 나눔

나눔은 영성의 결과

'나눔'은 윤리적 의무감이나 사회적 정의감이 아닌 '영성의 결과' 입니다. 신명기 15장 7~11절에 등장하는 동사들이 다 '명령형' 임에 주목해야 합니다. 선택 가능한 권유나 선택권(Choice)이 있는 것이 아니라, 하나님의 일방적인 명령이라는 것입니다.

남을 돕는 이 부분에 있어서 하나님은 우리에게 권유하지 않습니다. 신명기 15장 10절의 "너는 반드시(영어 성경에서는 'shalt(shall의 고어형) surely')"라는 단어를 통해 강한 명령으로 "줄 것이요", "줄 때에는 아끼는 마음을 품지 말 것"이라고 말씀하고 계십니다. 즉 나눔의 이유는 자발적인 것이 아니라 하나님에게서 나오는 것, 다른 말로 표현한다면 하나님과의 관계인 '영성'에서 나오는 것이라고 할 수 있습니다. 영성적 나눔은 구제나 자선이 아니라, 그들의 몫이 우연히 내 손에 들어온 것을 깨닫고 제 주인을 찾아 돌려주는 것입니다.

밀란의 주교였던 암브로스(Ambrose)는 이런 말을 했습니다. "가난한 사람에게 물질을 나누는 부자는 자선을 하는 것이 아니라 빚을 갚는 것이다." 이러한 영성적 나눔은 "네 이웃을 네 몸과 같이 사랑하라"는 예수님의 말씀을 따르는 것이 됩니다. 즉 이웃에게 베푸는 것이 자신에게 베푸는 것이 됩니다.

다른 사람의 몫을 내가 빼앗아 행복해질 수 있다는 생각은 착각입니다. 다른 사람이 눈물짓고 있는 이상 나는 진정으로 행복할 수 없음을 영성으로 느끼기 때문입니다.

생각 바꾸기

> 출발하고 있는 기차에 간디가 급하게 올라탔다. 그런데 순간 그의 신발 한 짝이 벗겨져 플랫폼 바닥에 떨어지고 말았다. 이미 기차가 움직이고 있었기 때문에 간디는 그 신발을 주울 수가 없었다. 그러자 간디는 얼른 나머지 신발 한 짝을 벗어 그 옆에 떨어뜨렸다.

> 동행하던 사람들은 간디의 그런 행동에 놀라지 않을 수 없었다. 이유를 묻는 한 승객의 질문에 간디는 미소를 지으며 대답했다.
> "어떤 가난한 사람이 바닥에 떨어진 신발 한 짝을 주웠다고 상상해 보세요. 그에게서 그것이 아무런 쓸모가 없을 겁니다. 하지만 이제는 나머지 한 짝마저 갖게 되지 않았습니까?"

영성적 나눔, 도덕 그 이상의 것

이미 고인이 되신 목사님 이야기를 예를 들어 보겠습니다. 이분이 목회하시던 곳은 미군 부대가 있는 동두천 지역이었습니다. 그러한 이유로 교회에 나오는 사람들 중에 많은 사람들이 몸을 파는 속칭 '양공주'들이었습니다.

이 목사님을 고민하게 만든 것은 이 사람들이 교회를 다니면서 내는 십일조였습니다. 말을 하지 않아도 소득의 원인이 분명한데 어떻게 해야 하는가 하고 평생을 고민하셨다고 합니다.

그 목사님이 평생 고민을 한 이유가 무엇입니까? 단순히 도덕적인 차원이라면 그것이 옳지 않은 일이라고 단정 지어 말할 수 있었고 그것으로 그들을 정죄할 수 있었습니다. 그러나 그렇게 하지 않은 것은 그 목사님이 그들의 영혼을 바라보았기 때문이 아니겠습니까?

도덕적인 차원에서 우리가 단죄할 수 있는 것들은 참으로 많이 있습니다. 더구나 도덕적인 차원에서 저 사람은 돕지 않아도 되는 사람이라고 단죄할 부분도 많이 있습니다. 하지만 그들의 영혼은 어떻게 해야 합니까? 우리가 돕고 나누지 않는다면 어떻게 되겠습니까?

실제적인 또 하나의 다른 예를 들어 보겠습니다. 대구에 지하철 참사가 났을 때 우리는 정말 억울하게 죽어간 사람들에 대하여 가슴아파했고 그 사람들을 위로해야 한다고 했습니다. 더구나 그 일을 만든 지하철 직원들을 많이 원망하고 욕을 했습니다.

그러나 한편으로는 그 사람들이 명백한 잘못을 했고 그 사람들 때문에 많은 희생자들이 생겼지만, 이제 그들이 직장을 잃고 감옥으로 가는 것으로 인해 고통을 받아야 하는 그 가족들은 누가 돌봐야 하냐는 것입니다.

영성적 나눔이란, 도덕의 잣대로 보는 것이 아니라 하나님의 눈으로 보라는 것입니다. 그래서 여기에는 강한 명령이 필요합니다. 우리가 대충 재거나 판단해서 할 문제가 아니기 때문입니다.

신명기 15장 7~8절에 "네 하나님 여호와께서 네게 주신 땅 어느 성읍에서든지 가난한 형제가 너와 함께 거주하거든 그 가난한 형제에게 네 마음을 완악하게 하지 말며 네 손을 움켜쥐지 말고 반드시 네 손을 그에게 펴서 그에게 필요한 대로 쓸 것을 넉넉히 꾸어주라"고 되어 있습니다. 어떤 판단도 여기에는 존재하지 않습니다. 그 가난과 어려움 자체를 바라보라는 '영성적' 시각만이 필요합니다. 그러므로 우리에게는 '나눔'에 관한 한 하나님의 시각이 절실히 필요합니다. 이 영성적 나눔이 가능하기 위해서 영성 있는 부자들이 필요합니다.

도덕적 의무감으로 단발적인 나눔은 가능하지만 지속적인 나눔을 가질 수는 없습니다. 지난 과에서 우리는 '모음'에 대하여 배웠고 그 모음은 성령의 열매인 '절제'를 통해 열려야 한다고 했습니다. 그렇다면 이제는 이 '모음'이 '영성적 나눔'으로 이어져야 합니다.

▶ 내 삶에 적용하기

본문에서는 '절제'를 통한 '돈 모음'에 이어 '영성적 나눔'로 나아가야 한다고 설명하고 있습니다. 현재 나의 상태가 아래에 제시된 3개의 단계 중 어디에 해당하는지 ○ 표시해 보고, 다음 단계로 나아가는 것을 방해하는 요소가 무엇이며, 그 해결책은 무엇인지 솔직하게 적어 봅시다.

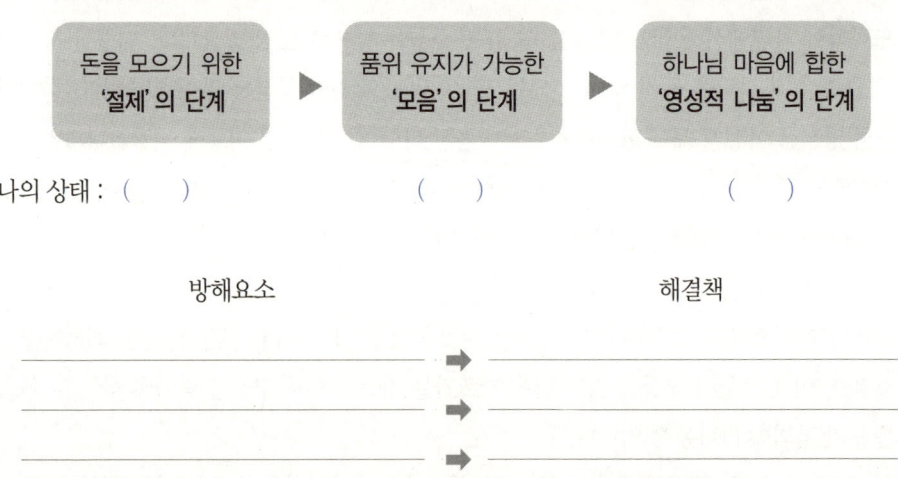

> 😊 **돈 유머**
>
> 맹구가 자신의 오래된 차를 팔려고 했다. 하지만 맹구의 차는 25만km나 달린 헌 차라서 아무도 사려고 하지 않았다.
> 맹구가 하루는 친구에게 고민을 이야기하자 친구가 말했다.
> "한 가지 방법이 있긴 한데, 이건 불법이야."
> "괜찮아! 차만 팔 수 있으면 돼!"
> "좋아, 그럼 이 사람에게 연락해 봐. 내 친구인데, 자동차 정비소를 하거든. 내가 소개했다고 하면 숫자를 5만으로 고쳐줄 거야. 그럼 팔기 쉬워질 거야."
> 몇 주 뒤에 친구가 맹구에게 전화를 했다.
> "차 팔았니?"
> "아니. 왜 차를 팔아? 이제 5만 km밖에 안 됐는데!"

나눔에 대한 하나님의 시각

이제 하나님의 시각으로 나눔을 살펴보겠습니다. 아주 극단적인 예이기는 하지만 이렇게 가정을 해 보겠습니다. 어느 교회에서 크리스마스에 이웃을 돕기 위해 성금을 마련했습니다. 마침 그 교회에는 학비 때문에 어려움을 당하는 학생이 있었고, 당연히 모든 사람이 그 학생을 도와야 한다고 의견을 모았습니다. 그런데 한 교인이 아주 자신 없는 목소리로 그 마을에 동일한 어려움을 당하는 학생이 또 있음을 이야기했습니다. 그런데 그 학생에게는 문제가 있었습니다. 하나님을 믿는 가정이 아니라 불교 신자였던 것입니다.

소위 교회 중심적인 도덕률로 본다면 당연히 교회의 학생을 도와야 할 것입니다. 그런데 하나님의 '영성적 시각'으로 본다면, 둘 다 하나님의 귀한 자식입니다. 하나는 하나님 안에 있고, 하나는 하나님 밖에 있지만 하나님의 관심이 동일하기 때문입니다.

바로 이 부분에 대해서 예수님은 누가복음 15장을 통해 분명히 하셨습니다. **잃은 양 한 마리를 위해 아흔 아홉 마리의 양을 우리에 두고 생명을 걸고 떠나는 목자, 잃어버린 동전 하나를 위해 아홉을 가졌음에도 불구하고 찾는 주인, 아버지를 배신하고 떠나간 탕자를 끝까지 기다리시는 그 마음을 말입니다.**

묵상하기

누가복음 15장 3~6절
3 예수께서 그들에게 이 비유로 이르시되 4 너희 중에 어떤 사람이 양 백 마리가 있는데 그 중의 하나를 잃으면 아흔아홉 마리를 들에 두고 그 잃은 것을 찾아내기까지 찾아다니지 아니하겠느냐 5 또 찾아낸즉 즐거워 어깨에 메고 6 집에 와서 그 벗과 이웃을 불러 모으고 말하되 나와 함께 즐기자 나의 잃은 양을 찾아내었노라 하리라

'나눔'에 대한 반듯한 생각

'나눔'에 이르는 연습

이제 우리는 이렇게 생각을 바꾸어야 합니다. '은사를 발견한다'는 말과 '은사를 개발한다'라는 말 중에 어떤 것이 옳다고 생각하십니까? 알지 못하던 은사를 발견한다면 얼마나 기쁜 일이겠습니까? 그런데 더욱 중요한 것은 발견된 은사를 더욱 개발시켜 나가야 한다는 것입니다.

'돈'이 복이라기보다는 '은사'라고 우리는 이미 정의하였습니다. 왜냐하면 돈은 우리가 아무리 벌려고 해서 얻어지는 것이 아니라 주셔야 된다는 것을 인정하지 않을 수 없기 때문입니다. 이러한 돈을 '은사'라는 면에서 볼 때 마음속에 확신이 드는 것은 '돈'에 대한 은사를 주셨을 때는 '나눔의 은사'도 동일하게 주셨다는 것입니다.

그러나 중요한 것은 '돈의 은사'를 받는다는 것과 그 주어진 '돈의 은사'를 '나눔의 은사'로 발전시켜 나가는 것은 전혀 다른 차원의 문제라는 것입니다. **왜냐하면 이 나눔의 사역은 어느 순간에 이루어지는 것이 아니라 꾸준한 연습을 통해 나눔의 분량이 많아지기 때문입니다.**

'나눔'은 영성적 차원입니다. 사도 바울은 영적인 아들 디모데에게 디모데전서 4장 7절에서 "망령되고 허탄한 신화를 버리고 오직 경건에 이르기를 연습하라"고 했습니다. 영적인 일은 연습을 통해 나아질 수 있습니다. 그러므로 우리의 삶에서 나눔의 사역은 계속해서 반복되어야 합니다.

'나눔의 은사' 개발

이 나눔의 은사를 발전시키는 데 있어서 주목하고 들어볼 만한 이야기가 있습니다. 18세기 영국을 변화시켰던 인물로 유명한 감리교회의 창시자 존 웨슬리(John Wesley)입니다. 존 웨슬리는 돈에 대하여 이렇게 말했습니다.

첫째, 벌 수 있을 만큼 벌어라!(Earn money as much as you can!)

돈이 위험한 것이기는 하지만 얼마든지 필요한 것에 쓰일 수 있는 가능성이 있기 때문입니다. 우리는 돈을 '중립적 가치'에 놓게 되었습니다. 이제 문제는 사용함에 있습니다.

둘째, 할 수 있을 만큼 저축하라!(Save money as much as you can!)

저축하는 훈련이 필요한 것은 타락한 우리의 본성이 너무나도 쉽게 돈의 마력에 노출되어 있기 때문입니다. 저축하지 않으면 그 돈의 용도가 잘못 쓰일 수도 있습니다.

셋째, 줄 수 있을 만큼 주어라!(Give money as much as you can!)

1774년에 웨슬리는 이렇게 썼습니다. "내가 만일 10파운드를 내 뒤에 남겨 놓고 죽는다면, 당신과 모든 인류는 나를 대적하여, 나는 도둑과 강도처럼 살고 죽었다는 증언을 하게 되는 것이다." 돈을 깨끗하게 나누어 쓰고, 죽을 때도 깨끗하게 남기지 않는 것이야말로 참다운 신앙인의 모습입니다.

▶ 내 삶에 적용하기

'돈의 은사'를 받았다면(또는 받을 것이라고 가정하면) 이러한 은사를 '나눔의 은사'로 발전시킬 수 있는 나만의 연습 방법은 어떤 것이 있는지 생각해 보고, 그 실천 계획을 적어 봅시다.

'나눔의 은사'를 발전시킬 수 있는 나만의 연습 방법은?

_____

_____

위의 연습 방법에 대한 구체적인 실천 계획은?

_____

_____

정리하기

■ **나눔은 영성의 결과**

나눔의 이유는 자발적인 것이 아니라 하나님에게서 나오는 것, 다른 말로 표현한다면 하나님과의 관계인 '(　　　)'에서 나오는 것이라고 할 수 있습니다.

영성적 나눔은 구제나 자선이 아니라, 그들의 몫이 우연히 내 손에 들어온 것을 깨닫고 제(　　　)을 찾아 돌려주는 것입니다.

■ **영성적 나눔, 도덕 그 이상의 것**

영성적 나눔이란, (　　　)의 잣대로 보는 것이 아니라 (　　　)의 (　　　)으로 보라는 것입니다.

그래서 여기에는 강한 명령이 필요합니다. 우리가 대충 재거나 판단해서 할 문제가 아니기 때문입니다.

■ **'나눔'에 이르는 연습**

돈을 '은사'라는 면에서 볼 때 마음속에 확신이 드는 것은 '돈'에 대한 은사를 주셨을 때는 '(　　　)의 은사'도 동일하게 주셨다는 것입니다.

그러나 나눔의 사역은 어느 순간에 이루어지는 것이 아니라 꾸준한 (　　　)을 통해 나눔의 분량이 많아진다는 것을 우리는 깨달아야 합니다.

■ **'나눔의 은사' 개발**

존 웨슬리는 돈에 대하여 이렇게 말했습니다.

첫째, 벌 수 있을 만큼 (　　　)!(Earn money as much as you can!)

둘째, 할 수 있을 만큼 (　　　)!(Save money as much as you can!)

셋째, 줄 수 있을 만큼 (　　　)!(Give money as much as you can!)

크리스천의 경제생활

6 신앙인의 돈 나누기(2)
나눔! 환원의 원리

생각 열기

나 자신의 돈에 대한 숨겨진 생각을 알아보기 위한 것입니다. 아래의 물음에 솔직하게 답변해 보세요.

> **마태복음 20장 1~12절**
> 1 천국은 마치 품꾼을 얻어 포도원에 들여보내려고 이른 아침에 나간 집 주인과 같으니 2 그가 하루 한 데나리온씩 품꾼들과 약속하여 포도원에 들여보내고 3 또 제삼시에 나가 보니 장터에 놀고 서 있는 사람들이 또 있는지라 4 그들에게 이르되 너희도 포도원에 들어가라 내가 너희에게 상당하게 주리라 하니 그들이 가고 5 제육시와 제구시에 또 나가 그와 같이 하고 6 제십일시에도 나가 보니 서 있는 사람들이 또 있는지라 이르되 너희는 어찌하여 종일토록 놀고 여기 서 있느냐 7 이르되 우리를 품꾼으로 쓰는 이가 없음이니이다 이르되 너희도 포도원에 들어가라 하니라 8 저물매 포도원 주인이 청지기에게 이르되 품꾼들을 불러 나중 온 자로부터 시작하여 먼저 온 자까지 삯을 주라 하니 9 제십일시에 온 자들이 와서 한 데나리온씩을 받거늘 10 먼저 온 자들이 와서 더 받을 줄 알았더니 그들도 한 데나리온씩 받은지라 11 받은 후 집 주인을 원망하여 이르되 12 나중 온 이 사람들은 한 시간밖에 일하지 아니하였거늘 그들을 종일 수고하며 더위를 견딘 우리와 같게 하였나이다

위의 글을 읽고 내가 그 현장에 있던 '먼저 온 자'였다면 그 당시 솔직히 어떤 심정(또는 감정)이 들었을지 추측하여 적어 봅시다.

_____
_____
_____

목표 알기

1. '나눔'을 통한 하나님의 '복의 원리'를 다른 성도들에게 설명할 수 있다.
2. 마태복음 20장 1~16절의 포도원 농부의 예를 통해 배울 수 있는 '나눔의 원리'를 말할 수 있다.
3. 공정한 나눔을 실천하려고 했던 공산주의가 실패한 이유를 초대교회의 나눔의 원리와 비교하여 설명할 수 있다.
4. 레위기 25장 8절에 나타난 '희년법'이 '나눔'을 실천하고자 하는 이 시대의 크리스천 및 교회들에게 주는 시사점을 정리하여 짧은 글로 표현할 수 있다.

오늘의 말씀

신명기 15장 7~11절

7 네 하나님 여호와께서 네게 주신 땅 어느 성읍에서든지 가난한 형제가 너와 함께 거주하거든 그 가난한 형제에게 네 마음을 완악하게 하지 말며 네 손을 움켜 쥐지 말고 8 반드시 네 손을 그에게 펴서 그에게 필요한 대로 쓸 것을 넉넉히 꾸어주라 9 삼가 너는 마음에 악한 생각을 품지 말라 곧 이르기를 일곱째 해 면제년이 가까이 왔다 하고 네 궁핍한 형제를 악한 눈으로 바라보며 아무것도 주지 아니하면 그가 너를 여호와께 호소하리니 그것이 네게 죄가 되리라 10 너는 반드시 그에게 줄 것이요, 줄 때에는 아끼는 마음을 품지 말 것이니라 이로 말미암아 네 하나님 여호와께서 네가 하는 모든 일과 네 손이 닿는 모든 일에 네게 복을 주시리라 11 땅에는 언제든지 가난한 자가 그치지 아니하겠으므로 내가 네게 명령하여 이르노니 너는 반드시 네 땅 안에 네 형제 중 곤란한 자와 궁핍한 자에게 네 손을 펼지니라

배워보기

교정된 시각

나눔이 복이다

신명기 15장 7~11절을 통해 하나님은 나눔을 명령하신 후에 10절에서 "이로 말미암아 네 하나님 여호와께서 네가 하는 모든 일과 네 손이 닿는 모든 일에 네게 복을 주시리라"고 하였습니다. '나눔이 복이다!' 라는 말입니다. 나눔에 대한 이야기를 할 때 우리는 흔히 내 소비를 줄여 다른 사람의 어려움을 덜어주는 것이라고 생각합니다. 즉 내 삶의 행복을 감소시켜 다른 사람의 행복을 증가시키는 것이라고 생각합니다.

그러나 실제로 나눔이란 어느 한 편을 가난하게 만들어서 다른 한 편을 부유하게 하는 것이 아닙니다. 오히려 나 자신만을 위해 부를 쌓는 것이 결국 나와 이웃 모두를 가난하게 만드는 것처럼, 나눔은 나와 이웃 모두를 풍요롭게 만듭니다.

생각 바꾸기

아들이 감을 따고 있었다. 아버지가 감을 광주리에 담으면서 말했다.
"까치밥으로 감 서너 개쯤은 남겨 두어야 한다."
아들이 물었다. "우리 먹기에도 부족한데 왜 까치밥을 남겨 두어야 하지요?"
아버지가 말했다. "새들과도 나누어야지, 우리만 독식해서는 안 된다."
이해가 안 된 듯한 아들에게 아버지가 물었다.
"농부가 콩을 심을 때 세 알씩 심는다. 왜 그러는지 아니?"
아들이 고개를 갸우뚱하자 아버지가 말했다. "한 알은 공중의 새들 몫이다."
"또 한 알은요?"
"땅속의 벌레들 몫이지."
아들이 물었다. "그럼 한 알만 주인의 몫이군요."
그러자 아버지는 고개를 끄덕이며 말했다.
"나누는 마음 없이 한 알만 심어 수확을 기대하다가는 빈손이 되기도 하는 것을 알아야 한다."

하나님은 나눔의 원리를 통해 모두가 함께 사는 복의 원리를 말씀하셨습니다. 하나님이 창조하신 이 땅의 모든 사람이 행복할 때 우리 자신도 행복할 수 있습니다.

길을 가다가 무조건 사람을 칼로 찔러 죽이는 사람이 있습니다. 남의 차에 불을 지르는 사람도 있습니다. 남의 집에 들어가 강도짓을 하기도 합니다. 왜냐하면 행복하지 못하기 때문입니다. 내가 나의 것을 지킨다고 지켜지는 것이 아니라, 올바른 몫이 모든 사람에게 돌아가야 행복한 세상, 복 받은 인생이 될 수 있습니다.

포도원 농부에게서 배우는 '나눔의 원리'

마태복음 20장 1~16절은 유명한 포도원 농부의 비유가 나옵니다. 포도원 주인이 사람들에게 일을 시키는데 조금 일한 사람이든 많이 일한 사람이든 상관없이 동일한 임금을 준 이야기입니다.

우리가 흔히 듣던 이야기로는 임금에 대한 권리는 '농부에게 있음'을 강조하여 하나님께 대한 하나님의 주권을 강조하는 의미로 배워왔습니다. 또한 하나님 나라에는 처음과 나중이 없다는 것, 즉 하나님의 선택에 대해 생각해 왔습니다. 그런데 경제적인 시각에서 이 문제를 다룬다면 포도원 농부가 이 포도원을 운영하는 이유가 무엇인지를 깊이 생각해 보게 됩니다.

어찌 보면 무엇보다도 포도원 농부가 불공평하게 임금을 지불한 내용입니다. 우리가 지금까지 배워온 논리에 따르면 열심히 일하고 많이 일한 사람이 더 많은 임금을 받는 것이 타당하므로 이 이야기는 우리의 논리로는 맞는 이야기가 아닙니다. 게다가 이윤을 추구하는 농부라면 적게 일한 사람에게 적은 돈을 주어야 더 많은 이윤을 창출하게 될 것인데 말입니다.

묵상하기

마태복음 20장 1~16절
1 천국은 마치 품꾼을 얻어 포도원에 들여보내려고 이른 아침에 나간 집 주인과 같으니 2 그가 하루 한 데나리온씩 품꾼들과 약속하여 포도원에 들여보내고 3 또 제삼시에 나가 보니 장터에 놀고 서 있는 사람들이 또 있는지라 4 그들에게 이르되 너희도 포도원에 들어가라 내가 너희에게 상당하게 주리라 하니 그들이 가고 5 제육시와 제구시에 또 나가 그와 같이 하고 6 제십일시에도 나가 보니 서 있는 사람들이 또 있는지라 이르되 너희는

> 어찌하여 종일토록 놀고 여기 서 있느냐 7 이르되 우리를 품꾼으로 쓰는 이가 없음이니이다 이르되 너희도 포도원에 들어가라 하니라 8 저물매 포도원 주인이 청지기에게 이르되 품꾼들을 불러 나중 온 자로부터 시작하여 먼저 온 자까지 삯을 주라 하니 9 제십일시에 온 자들이 와서 한 데나리온씩 받거늘 10 먼저 온 자들이 와서 더 받을 줄 알았더니 그들도 한 데나리온씩 받은지라 11 받은 후 집 주인을 원망하여 이르되 12 나중 온 이 사람들은 한 시간밖에 일하지 아니하였거늘 그들을 종일 수고하며 더위를 견딘 우리와 같게 하였나이다 13 주인이 그 중의 한 사람에게 대답하여 이르되 친구여 내가 네게 잘못한 것이 없노라 네가 나와 한 데나리온의 약속을 하지 아니하였느냐 14 네 것이나 가지고 가라 나중 온 이 사람에게 너와 같이 주는 것이 내 뜻이니라 15 내 것을 가지고 내 뜻대로 할 것이 아니냐 내가 선하므로 네가 악하게 보느냐 16 이와 같이 나중 된 자로서 먼저 되고 먼저 된 자로서 나중 되리라

포도원 농부의 관심 : 일꾼들의 삶

이 포도원 농부의 관심은 포도원에 있기보다는 사람에게 있었습니다. 즉 포도원 경영의 이유가 일꾼들의 삶을 위해서였다는 것입니다.

일단 상징적으로 '한 데나리온'이라는 돈의 양은 한 식구가 하루를 살아가기에 필요한 돈이었습니다. 주인이 장터에 나가 사람을 계속해서 찾습니다. 제 3시에도, 6시에도, 9시에도, 11시에도 말입니다. 11시에 포도원에 들어간 사람이 1시간밖에 일을 하지 않고 품삯을 받은 것에 대하여 다른 사람이 불만을 표시한 것을 보면 제 3시에 들어간 사람은 9시간을 일한 셈입니다.

그런데 주인이 장터에 나가 사람을 계속 찾으면서 "너희는 어찌하여 종일토록 놀고 여기 서 있느냐(7)"라고 물었을 때, "우리를 품꾼으로 쓰는 이가 없음이니이다"라는 대답에 주목해 보아야 합니다.

이들은 일을 하기 싫어하는 사람들이 아니라 일이 없어서 놀고 있는 사람들이었고, 하루 일하지 않으면 가족 전체가 생활을 할 수 없는 상황입니다. 결국 포도원 주인의 관심이 무엇인지를 분명히 알 수 있습니다.

▶ 내 삶에 적용하기

오늘날 뉴스 등을 통해 접할 수 있는 실업 문제, 신용불량 문제, 가난의 문제에 대해 "적게 일한 사람에게 적은 돈을 주어야 한다."라는 '먼저 온 자들'의 관점에서 '나중 온 자'를 정죄한 경험이 나에게 있는지 적어 보고, 있다면 그러한 문제에 대한 하나님의 생각은 무엇인지 추측하여 적어 봅시다.

나의 경험	하나님의 생각

초대교회의 나눔의 원리 : 성령 체험을 통한 나눔

우리에게는 나보다 더 적게 일한 사람이 나와 동일한 대우를 받는 것을 견디기 어려워하는 이기심이 있습니다. 이러한 일은 자본주의의 원리에서는 통용될 수가 없는 것입니다. 그러니 함께 일한 사람들이 불평등한 대우를 받고 있다고 생각하는 것도 당연합니다. 어떻게 보면 이 대목에서 공산주의를 연상할 수도 있습니다.

그러나 조금 깊이 들어가 보면 주인이 말한 대로 각자가 모두 자신의 필요한 것을 받았으니 불평할 이유는 없습니다. 문제는 내가 더 많은 일을 했기 때문에 억울하다고 느끼는 것입니다.

'나눔'이라는 말은 절대로 인간의 본성을 가지고는 기쁨으로 이루어지지 못합니다. '공산주의' 사회가 이상적이기는 하지만 실패한 이유는 인간의 본성을 그대로 지닌 사람들에게 모두가 함께 공유하고 나눈다는 것이 절대로 불가능한 것이었기 때문입니다.

우리가 가장 이상적으로 생각하는 것이 초대교회 공동체입니다. 이들은 자신이 가진 것을 가지고 와서는 나누었습니다. 사도행전 2장 45절에 "또 재산과 소유를 팔아 각 사람의 필요를 따라 나눠 주며"라고 되어 있습니다. 이처럼 초대교회의 나눔은 나눔에 대한 근본적인 생각이 다릅니다. 즉 내가 가지고 있는 것 중에 얼마를, 혹은 내가 돕고 싶은 사람이 누구인지 등등을 고려한 것이 아니라, 필요로 하는 사람의 필요를 따라 나누었다는 것입니다. 이는 아주 근본적이고 적절한 나눔의 행위였습니다.

신명기 15장 7~11절에서의 가르침이 그것입니다. "반드시 네 손을 그에게 펴서 그에게 필요한 대로 쓸 것을 넉넉히 꾸어주라(8)." 여기서 발견할 수 있는 나눔의 법칙은 '필요한 사람의 요구대로, 그들이 필요한 만큼' 입니다. 포도원 농부에게서 이해할 수 없었던 부분, 그가 포도원을 경영하는 이유가 바로 이 나눔의 법칙에 있었기 때문입니다.

그러나 초대교회가 처음부터 이런 나눔이 있었던 것은 아닙니다. 그러면 이러한 나눔의 행위가 이루어지기 시작한 결정적인 이유는 무엇일까요? 바로 초대교회에서 성령을 체험한 사람들을 통해서 나온 행동이라는 것입니다.

앞에서 이미 설명한 것처럼 공산주의가 실패한 것은 '나눔과 공유' 라는 사상에 문제가 있었던 것이 아니라, 우리 인간의 본성 그 자체로는 나눔이 불가능하기 때문이라는 것입니다.

그렇다면 누가 큰 나눔을 할 수 있습니까? 많은 돈을 가지고 있는 사람일까요? 이러한 나눔은 하나님의 은혜로부터 나올 때 가능합니다. 즉 영성적 나눔을 가진 사람들은 자신의 기준으로 판단하지 않고 그 사람의 필요를 따라 판단합니다.

☺ 돈 유머

한 노인이 은행에 돈을 빌리러 왔다. 은행원이 물었다.
"어디에 쓰실 건가요?"
"경운기를 사려고."
"담보는 있으신가요?"
"남보가 뭐유?"
"저희가 돈을 빌려 드리려면 그 정도 값이 나가는 물건이 있어야 되거든요. 혹시 자동차 있으세요?"
"있수, 1980년산 포니."
은행원은 하는 수 없이 노인의 집을 담보로 돈을 대출해 주었다.
추수가 끝나자 노인이 다시 은행을 찾았다.
"어르신, 무슨 일로 오셨습니까?"
"돈 갚으러 왔수."

> "추수 끝났으면 많이 벌으셨겠네요? 남은 돈은 어떻게 하실 거예요?"
>
> "땅에다 묻어 놔야지."
>
> "은행에 예금하세요."
>
> "예금이 뭐유?"
>
> "은행에 맡겨두는 거예요. 다시 찾으실 때까지 안전하게 보관해 드리죠."
>
> 그러자 노인이 은행원에게 말했다.
>
> "담보 있수?"

'나눔'에 대한 반듯한 생각

구체적인 나눔의 방법

성경에 나오는 구체적인 나눔의 원리 가운데 하나로 하나님께서 제정한 '희년법'이 있습니다. 이 시대 우리의 교회에서 일어나야 할 나눔의 운동이 바로 이것입니다.

레위기 25장 8절 이하에 보면 희년법에 대해 나오는데, 50년에 한 번씩 돌아오는 이 해에는 모든 노예가 풀려납니다. 그리고 모든 땅의 소유가 원주인을 찾아갑니다. 이 희년의 법이 전제하는 것은 인간의 경제법칙을 부인하지 않는다는 것입니다. 사람이 살다보면 빚을 지게 되고 그러한 이유로 땅을 빼앗기거나 혹은 어쩔 수 없는 경우에는 그 빚을 갚기 위해 다른 사람의 종이 될 수도 있습니다. 열심히 일한 사람이 돈을 버는 것이고 삶의 실수로 인한 책임도 져야 하는 것입니다.

묵상하기

레위기 25장 8~12절

8 너는 일곱 안식년을 계수할지니 이는 칠 년이 일곱 번인즉 안식년 일곱 번 동안 곧 사십구 년이라 **9** 일곱째 달 열흘날은 속죄일이니 너는 뿔나팔 소리를 내되 전국에서 뿔나팔을 크게 불지며 **10** 너희는 오십 년째 해를 거룩하게 하여 그 땅에 있는 모든 주민을 위하여 자유를 공포하라 이 해는 너희에게 희년이니 너희는 각각 자기의 소유지로 돌아가며 각각 자기의 가족에게로 돌아갈지며 **11** 그 오십 년째 해는 너희의 희년이니 너희는

> 파종하지 말며 스스로 난 것을 거두지 말며 가꾸지 아니한 포도를 거두지 말라 12 이는 희년이니 너희에게 거룩함이니라 너희는 밭의 소출을 먹으리라

그러나 희년의 정신은 때가 되면 하나님께서 다시 회복시키시는 것입니다. 다시 한번 모든 사람에게 균등한 기회가 제공되는 것입니다. 누구나 다시 원점에서 시작할 수 있는 것입니다. 물론 우리가 사는 사회가 너무나 복잡하게 되어 이 희년의 법을 선포하는 것은 불가능합니다.

그러나 우리 크리스천들이 이 희년의 정신을 살릴 수 있는 방법이 있습니다. '유산을 남기지 않는 것' 입니다. 내가 누리고 살던 것을 다시 환원하는 것입니다.

살면서 하나님이 주신 복과 내가 열심히 일한 소득의 권리를 누릴 수 있습니다. 그러나 때가 되면 그것을 다시 원점으로 돌려놓아야 합니다. 살면서 다 내 놓으라 하면 못할 사람이 많겠지만 죽는 마당이니 모든 것을 내 놓아 나누라는 것입니다.

많은 가정들이 부모의 유산 문제로 깨어지기도 하고 인륜을 저버리는 범죄를 저지르기도 하는 것을 보게 됩니다. 또한 유산 때문에 자녀들이 독립심을 상실하거나 의존적으로 살다가 비참한 인생을 살아가는 것도 보게 됩니다. 이런 의미에서 재산을 자녀에게 남기지 말고 하나님께 드려 사회에 환원하자는 것입니다.

미국 교회를 보면서 제일 부러웠던 것이 바로 이러한 일로 인한 사회의 영향력이었습니다. 미국의 교회들이 교인은 줄어들어도 아직 영향력을 잃지 않고, 사회 속에서 기능을 다하는 것은 바로 이 나눔과 환원의 원리가 잘 적용되기 때문입니다.

생각 바꾸기

> 호주의 한 백만장자가 세계적인 명소인 시드니 본다이 비치 근처에 있는 자신의 작은 아파트 건물에서 오랜 세월 세입자로 살아온 할머니에게 시가 18억원 상당의 이 건물 절반을 유산으로 남겨 훈훈한 화제가 되고 있다.
>
> 지난 주말 호주 언론에 보도된 행운의 주인공은 본다이 비치의 토마스 미첼 로드에 위치한 침실 3개짜리 아파트 3세대와 침실 1개짜리 아파트 2세대로 돼 있는 소형 아파트 건물에서 40년간 살아온 83세의 진 더피 할머니.
>
> 더피 할머니가 거주하는 소형 아파트의 건물주로서 최근 92세를 일기로 별세한

> 지미 맥귀언 씨는 이 건물을 호주의 최고령 파도타기 선수인 조카 베리 맥귀언(77) 씨와 더피 할머니 두 사람에게 공동으로 상속했고 나머지 재산은 자선단체에 기부했다. (중략)
>
> 더피 할머니는 홀몸으로 자식들을 부양하며 이곳저곳에서 재봉사로 일하면서 주택구입은 꿈도 꾸지 못했다면서 당시에는 홀어미가 은행에서 주택융자 받기가 힘들어 이곳에 살았고 그러다 보니 너무 늙어버렸다고 40년간 한곳에 세 들어 살게 된 경위를 설명했다.
>
> 더피 할머니는 "항상 서민으로 살아왔는데 누군가가 내게 무엇을 준 것은 이번이 처음"이라며 아직도 건물의 절반을 상속받은 사실이 믿겨지지 않는다고 말했다.
>
> 이달 말 건물이 매각되면 대금의 절반을 받게 될 더피 할머니는 그 돈으로 내 집을 마련할 계획이어서 호주 최고령의 생애 첫 주택 매입자가 될 전망이다.
>
> – 국민일보, 2007년 3월 13일자

▶ 내 삶에 적용하기

내 삶을 통해 당장 실천할 수 있는 '희년의 원리'는 무엇이 있는지 적어 보고, 그것에 대한 구체적인 실천 계획을 세워 봅시다.

___

___

___

___

교회를 통한 나눔의 실천

이 시대의 교회들이 품기를 바라는 꿈 중에 하나가 바로 이 나눔과 환원의 사역을 감당하는 중심에 각 교회들이 서 있으면 좋겠다는 것입니다. 한 개인으로는 할 수 없으되 교회가 그 사역을 감당하는 꿈 말입니다.

이와 맥을 같이 하여 우리의 교회가 의료 혜택을 받지 못하는 사람을 위해 병원 사역을 감당해야 하는 이유도, 마지막 죽음을 맞이하는 사람들에게 안식처를 제공하기 위해 호스피스 사역을 하는 이유도, 소외된 사람들에게 복지 혜택을 주기 위해 교회 내에 사회복지관을 만드는 꿈도, 이 사회가 추구하는 엘리트 교육이 아니라 어느 곳에서도 인정받지 못하고 어둠에 갇혀서 지내던 하나님의 자녀들에게 빛을 주기 위한 교육에 대한 꿈을 가지는 것도 **바로 이러한 나눔과 환원의 사역을 감당하기 위해서여야 합니다.**

누가 이 사명을 감당해야 합니까? **바로 우리 자신이 이 일을 감당해야 합니다. 바로 영성적 나눔에서 우리가 이 일을 감당해야 합니다. 이것이 하나님의 명령입니다.**

하나님의 명령을 따르지 않는 교회는 이미 하나님의 교회가 아닙니다. 하나님의 일을 할 때 하나님의 교회입니다. 마찬가지로 하나님의 명령을 따르지 않는 성도는 이미 하나님의 성도가 아닙니다. 이것이 우리가 돈을 모아야 하는 이유이고 더불어 나누어야 하는 이유입니다.

▶ 내 삶에 적용하기

현재 내가 참여하고 있는 교회 내에서의 '나눔과 환원의 사역'을 적어보고, 더불어 앞으로 참여해 보고 싶은 '나눔과 환원의 사역'을 적어 봅시다.

현재 참여하고 있는 사역	참여하고 싶은 사역

정리하기

■ **나눔이 복이다**

나 자신만을 위해 부를 쌓는 것이 결국 나와 이웃 모두를 가난하게 만드는 것처럼, (　　　)은 나와 이웃 모두를 풍요롭게 만듭니다.

하나님은 (　　)의 원리를 통해 모두가 함께 사는 (　　　)의 원리를 말씀하셨습니다. 하나님이 창조하신 이 땅의 모든 사람이 행복할 때 우리 자신도 행복할 수 있습니다.

■ 포도원 농부의 관심
마태복음 20장 1~16절에 나타난 포도원 농부의 관심은 포도원에 있기보다는 사람에게 있었습니다. 즉 포도원 경영의 이유가 (   )들의 (   )을 위해서였다는 것입니다.

■ 초대교회의 나눔의 원리
공산주의 사회가 이상적이기는 하지만 실패한 이유는, 인간의 (   )을 그대로 지닌 사람들에게 모두가 함께 공유하고 나눈다는 것은 절대로 불가능한 것이기 때문입니다.

초대교회의 나눔은 나눔에 대한 근본적인 생각이 다릅니다. 즉 내가 가지고 있는 것 중에 얼마를, 혹은 내가 돕고 싶은 사람이 누구인지 등등을 고려한 것이 아니라, (   )로 하는 사람의 (   )를 따라 나누었다는 것입니다. 이는 아주 근본적이고 적절한 나눔의 행위였습니다.

그러면 이러한 초대교회의 나눔의 행위가 이루어지기 시작한 결정적인 이유가 무엇일까요?
바로 초대교회에서 (   )을 체험한 사람들을 통해서 나온 행동이라는 것입니다.

■ 구체적인 나눔의 방법
(   )의 정신은, 때가 되면 하나님께서 다시 회복시키시는 것입니다. 다시 한 번 모든 사람에게 균등한 기회가 제공되는 것입니다.

우리 크리스천들이 이 희년의 정신을 살릴 수 있는 방법이 있습니다.' (   )을 남기지 않는 것' 입니다. 내가 누리고 살던 것을 다시 (   )하는 것입니다.

■ 교회를 통한 나눔의 실천
이 시대의 교회들이 품기를 바라는 꿈 중에 하나가, 바로 이 (   )과 (   )의 사역을 감당하는 중심에 각 교회들이 서 있으면 좋겠다는 것입니다. 한 개인으로는 할 수 없으되 교회가 그 사역을 감당하는 꿈 말입니다.

그러면 교회 내에서 누가 이 사명을 감당해야 합니까? 바로 우리 자신이 이 일을 감당해야 합니다. 바로 영성적 나눔에서 우리가 이 일을 감당해야 합니다. 이것이 하나님의 (   ) 입니다.

크리스천의 경제생활

7 신앙인의 돈 드리기(1)
구별의 원리

생각 열기

나 자신의 돈에 대한 숨겨진 생각을 알아보기 위한 것입니다. 자신에게 해당되는 내용에 솔직하게 ✓ 표시해 보세요.

1. 헌금을 내는 것은 언제나 아깝다.
   그렇다 ☐   조금 그렇다 ☐   별로 그렇지 않다 ☐   그렇지 않다 ☐

2. 헌금 시간에 사람들을 의식해서 어쩔 수 없이 헌금한다.
   그렇다 ☐   조금 그렇다 ☐   별로 그렇지 않다 ☐   그렇지 않다 ☐

3. 헌금은 인간이 만들어낸 제도다.
   그렇다 ☐   아니다 ☐   잘 모르겠다 ☐

4. 언제나 하나님의 것을 먼저 구별하여 준비했다가 헌금한다.
   그렇다 ☐   조금 그렇다 ☐   별로 그렇지 않다 ☐   그렇지 않다 ☐

목표 알기

1. 고린도후서 9장 7절 말씀을 읽고 '잘못된 헌금'의 6가지 유형을 말하고 설명할 수 있다.
2. 누가복음 19장 1~9절 말씀을 통해 '돈의 구별'과 '구원'이 어떠한 관계에 있는지를 다른 성도들에게 설명할 수 있다.
3. 헌금에 대한 하늘나라의 계산법이 이 세상 계산법과 어떻게 다른지, '곱하기 인생'과 '더하기 인생'의 비유를 들어 설명할 수 있다.
4. 구별의 원리인 '하나님을 위해 구별할 줄 아는 자가 하나님의 구별을 받는다.'라는 명제를 잠언 8장 17절의 말씀을 인용해 증명할 수 있다.

오늘의 말씀

고린도후서 9장 5~11절

5 그러므로 내가 이 형제들로 먼저 너희에게 가서 너희가 전에 약속한 연보를 미리 준비하게 하도록 권면하는 것이 필요한 줄 생각하였노니 이렇게 준비하여야 참 연보답고 억지가 아니니라 6 이것이 곧 적게 심는 자는 적게 거두고 많이 심는 자는 많이 거둔다 하는 말이로다 7 각각 그 마음에 정한 대로 할 것이요 인색함으로나 억지로 하지 말지니 하나님은 즐겨 내는 자를 사랑하시느니라 8 하나님이 능히 모든 은혜를 너희에게 넘치게 하시나니 이는 너희로 모든 일에 항상 모든 것이 넉넉하여 모든 착한 일을 넘치게 하게 하려 하심이라 9 기록된 바 그가 흩어 가난한 자들에게 주었으니 그의 의가 영원토록 있느니라 함과 같으니라 10 심는 자에게 씨와 먹을 양식을 주시는 이가 너희 심을 것을 주사 풍성하게 하시고 너희 의의 열매를 더하게 하시리니 11 너희가 모든 일에 넉넉하여 너그럽게 연보를 함은 그들이 우리로 말미암아 하나님께 감사하게 하는 것이라

배워보기

교정된 시각

고린도후서 9장 7절에 보면 "각각 그 마음에 정한 대로 할 것이요 인색함으로나 억지로 하

지 말지니 하나님은 즐겨 내는 자를 사랑하시느니라"라고 말씀하고 있습니다. 이 말씀이 뜻하는 바는 하나님께 구별하여 드리는 것은 그 누가 하는 것도 아닌 자신이 하는 것으로 "그 마음에 정한 대로", 즉 그 마음을 정하는 데 있어서 "인색함"이나 "억지로" 하는 것을 하나님께서 기뻐 받으시지 않는다는 것입니다.

그럼 앞으로 바람직한 '구별'에 대해 알기 위해, 먼저 바람직하지 못한 구별에 대해 살펴보겠습니다. 다음은 잘못된 헌금의 여섯 가지 유형입니다.

1. 조건적인 헌금

"제가 크게 한번 헌금할 테니, 이번 사업이 성공할 수 있게 도와주세요."

이러한 태도는 지난 과에 언급한 투기적인 행위와 전혀 다를 것이 없습니다. 헌금은 흥정이나 협상의 대상이 아닙니다. 오늘날 교인들의 가장 잘못된 태도가 바로 이런 것인데, 복을 받기 위한 선행조건이나 불행을 방지하기 위한 주술적 조건으로 헌금을 하는 것입니다. 그러므로 우리가 하나님께 드릴 때 "하나님, 나에게 얼마의 소득과 복을 주시면 그 중의 일부를 하나님께 드리겠습니다."라는 태도는 아주 잘못된 모습입니다.

2. 준비가 안 된 헌금

"오늘은 미처 헌금을 준비하지 못했군. 한 주 정도 헌금을 안 할 수도 있지, 뭐!"

헌금은 단순한 돈이 아니라 신앙의 표현이고, 하나님이 우리에게 주신 은혜에 대한 신앙적인 응답입니다. 즉 하나님께 대한 감사와 사랑의 표현인 것입니다. 그러므로 헌금 그 자체는 예배에 있어서 아주 중요한 요소가 됩니다. 다시 말하면 헌금을 준비하지 못했다는 것은 예배자로서의 자세가 되어 있지 않은 것입니다.

3. 기분대로 하는 헌금

"오늘은 목사님의 말씀이 별로 은혜가 안 되는군. 헌금하고 싶은 마음이 안 드는 걸?"

헌금을 개인적인 감정의 기복에 따라 드려서는 안 됩니다. 신앙생활이란 기분에 따라 하는 것이 아니라 은혜 받은 성도의 자세에서 나오는 것이기 때문입니다. 하나님을 믿으러 왔으나 사람 때문에 교회를 떠나는 사람들, 감사와 은혜의 고백이 하나님을 향한 것임에도 불구하고 사람 때문에 좌우된다면 올바른 태도는 아닐 것입니다.

4. 비교의식에서 내는 헌금
"박 장로가 헌금을 많이 드리는군. 창피 당하지 않으려면 나도 그 정도는 해야겠지?"

어떤 사람들은 헌금을 하면서 사람들의 인정을 받고 교회에서 그에 합당한 명예와 대접을 받으려고 합니다. 이러한 경우에 나타나는 현상은 인정을 받지 못하면 시험에 들게 된다는 것입니다. 예수님은 바리새인들이나 부자들의 과시적인 헌금보다는 과부의 두 렙돈의 헌금을 훨씬 더 소중하게 여기셨던 분입니다. 헌금은 하나님과 나와의 일 대 일의 관계 속에서 드려지는 것임을 명심해야 합니다.

5. 떳떳하지 못한 헌금
"부정하게 번 돈이면 어때? 정승같이 쓰면 된다고 했으니 상관없을 거야."

우리가 항상 주의해야 할 것은 돈을 선하게 사용하는 것도 중요하지만 돈을 선하게 버는 것이 더욱 중요하다는 것입니다. 하나님은 저울을 속이는 것(암 9:15)을 용서치 않으시는 분입니다. 떳떳하지 못한 소득을 하나님께 드리는 것은 옳은 일이 아니며 적은 소득이라도 정직한 예물을 드려야 합니다.

6. 남은 돈으로 드리는 헌금
"이번 달에 학교 등록금을 내야 하는데 십일조는 무슨 돈으로 드리지?"

돈에 대한 첫 시간에 우리는 "두 주인을 겸하여 섬기지 못한다."라는 말씀에 대해 생각했습니다. 섬기는 자는 주인을 우선으로 생각합니다. 물질이 주인이 될 때 우리는 올바른 구별을 하지 못합니다. 그런데 올바른 관계가 정립되면 분명한 우선순위가 서게 됩니다.

이제 이런 잘못된 견해를 보면서 '하나님의 것을 구별함'에 대해 깊이 생각해 보는 기회를 갖기 바랍니다.

> **생각 바꾸기**
>
> 어느 마을에 농부가 있었습니다. 하루는 소가 송아지를 두 마리나 낳았습니다. 이 농부와 아내는 얼마나 감사한지 한 마리는 하나님께 바쳐야겠다고 생각했습니다. 그래서 아내가 물었습니다. "빨간 송아지와 하얀 송아지 둘 중에 어느 것을 하나님께 드려야 할까요?" 그랬더니 농부는 "그런 것 신경 쓰지 말고 일단 열심히 키

읍시다."라고 했습니다.
    그 두 마리가 무럭무럭 잘 크고 있었는데, 어느 날 갑자기 들에서 일하고 있는 농부에게 아내가 뛰어와서는 "흰 송아지 하나가 죽었어요!"라고 하는 것이 아닙니까? 그랬더니 이 농부는 "이걸 어쩌나, 하나님께 드릴 송아지가 죽었네!"라고 했습니다. 그러자 부인이 깜짝 놀라면서, "어째서 그 송아지가 하나님 것인데요?"라고 했더니, "나는 처음부터 그렇게 결정을 했거든"이라고 하더랍니다.

▶ 내 삶에 적용하기

'교정된 시각'에 나타난 잘못된 헌금 중 현재 나에게 해당하는 것이 무엇이며 그 정도가 어느 정도인지 솔직하게 ✓ 표시해 보고, 그 결과를 분석하고 반성해 봅시다.

나의 잘못된 헌금 습관	정도				
① 조건적인 헌금 :	매번☐	자주☐	가끔☐	거의 없다☐	없다☐
② 준비가 안 된 헌금 :	매번☐	자주☐	가끔☐	거의 없다☐	없다☐
③ 기분대로 하는 헌금 :	매번☐	자주☐	가끔☐	거의 없다☐	없다☐
④ 비교의식에서 내는 헌금 :	매번☐	자주☐	가끔☐	거의 없다☐	없다☐
⑤ 떳떳하지 못한 헌금 :	매번☐	자주☐	가끔☐	거의 없다☐	없다☐
⑥ 남은 돈으로 드리는 헌금 :	매번☐	자주☐	가끔☐	거의 없다☐	없다☐

분석 결과

_____

_____

반성

_____

_____

나의 계산과 다른 구별의 원리

하나님 중심적인 구별

'교정된 시각'을 통해 우리는 물질의 구별이 내가 하는 것이되 내 마음대로 하는 것도 아니며, 나의 기쁨을 위해서도 아니고, 하나님 중심적인 구별이어야 함을 알았습니다. 이번 과에서는 돈에 대한 것이 아니라 '헌금'에 대해서 살펴볼 것입니다.

교회에서는 돈 이야기를 하는 것이 가장 어렵다고 합니다. 그러나 이 돈에 대한 이야기를 분명하게 하지 않는 한 올바른 신앙생활을 기대하기란 힘이 듭니다.

종교개혁자 루터가 이야기했던 것처럼 믿는 자에게 따르는 회심에는 세 가지가 있습니다. 하나는 머리의 회심이요, 다른 하나는 가슴의 회심, 또 다른 하나는 '돈지갑의 회심'입니다. 그렇다면 왜 돈 문제가 우리 기독교인들에게 중요하다고 생각하십니까?

돈은 우리가 살아가는 데 있어서 없어서는 안 되는 것입니다. 그렇기 때문에 하나님은 돈으로 우리를 시험하시며 하나님과 돈 사이에서의 결단을 요구하십니다. **그러므로 하나님의 것을 구별하기 위해서는 먼저 하나님의 명령에 기초해야 합니다.** 이러한 구별은 변화된 심령에서부터 나올 수 있습니다.

예수님은 돈 문제에 대하여 거론하실 때 구원의 문제와 아주 밀접하게 관계가 있음을 보여 주셨습니다. 삭개오가 예수님 앞에서 "내 소유의 절반을 가난한 자들에게 주겠사오며 만일 누구의 것을 속여 빼앗은 일이 있으면 네 갑절이나 갚겠나이다(눅 19:8)"라고 했을 때, 예수님은 너무나 간단하게 말씀하셨습니다. "오늘 구원이 이 집에 이르렀다(눅 19:9)"라고 말입니다.

예수님이 구원의 기준을 돈에 두고 계셨다는 것이 놀라운 일 아닙니까? **돈이 구별되는 것을 보면 이 사람이 구원을 받은 사람인지 아닌지를 알 수 있습니다.** 즉 돈은 우리가 어떤 사람인지를 가장 명확하게 설명해 주는 리트머스 시험지와도 같습니다.

묵상하기

누가복음 19장 1~9절

1 예수께서 여리고로 들어가 지나가시더라 2 삭개오라 이름하는 자가 있으니 세리장이요 또한 부자라 3 그가 예수께서 어떠한 사람인가 하여 보고자 하되 키가 작고 사람이 많아

> 할 수 없어 4 앞으로 달려가서 보기 위하여 돌무화과나무에 올라가니 이는 예수께서 그리로 지나가시게 됨이러라 5 예수께서 그 곳에 이르사 쳐다 보시고 이르시되 삭개오야 속히 내려오라 내가 오늘 네 집에 유하여야 하겠다 하시니 6 급히 내려와 즐거워하며 영접하거늘 7 뭇 사람이 보고 수군거려 이르되 저가 죄인의 집에 유하러 들어갔도다 하더라 8 삭개오가 서서 주께 여짜오되 주여 보시옵소서 내 소유의 절반을 가난한 자들에게 주겠사오며 만일 누구의 것을 속여 빼앗은 일이 있으면 네 갑절이나 갚겠나이다 9 예수께서 이르시되 오늘 구원이 이 집에 이르렀으니 이 사람도 아브라함의 자손임이로다

곱하기 인생

돈에 있어서 더하기 인생을 사는 사람도 있고, 곱하기 인생을 사는 사람도 있습니다.

1+1 = 2입니다.

1×1 = 1입니다. 더하기보다 곱하기가 손해를 보는 것 같습니다.

2+2 = 4입니다.

2×2 = 4입니다. 여기에서는 더하기와 곱하기가 비슷합니다.

3+3 = 6입니다.

3×3 = 9입니다. 여기에서부터 곱하기의 위력이 나타나기 시작합니다.

10+10 = 20입니다.

10×10 = 100입니다.

갈수록 차이가 많이 벌어지는 것을 볼 수 있습니다.

우리는 돈을 구별하는 데 있어서 계산을 합니다. 내 계산으로는 하나님의 계산이 맞아 들어가지 않습니다. 그러나 세월이 흘러가면서 차이가 벌어지게 됩니다. 이처럼 하나님께 구별하여 드리는 예물은 나의 계산으로 되는 것이 아닙니다. **하늘나라의 계산법은, upside down kingdom(거꾸로 왕국)의 법칙이 적용됩니다.** 그러므로 절대로 인간의 경험에 의존하거나, 자신의 확신에 의존하지 않도록 하십시오.

생각 바꾸기

　군함 한 척이 어두운 밤에 항해를 하고 있었다. 그런데 정면에 불빛이 보이는 것이었다. 군함 정면에 나타난 불빛을 보고 함장은 무전으로 신호를 보냈다.
　"귀소 측 방향을 서쪽으로 10도 돌리기 바람. 이상!"
　상대가 답신을 보냈다.
　"귀소가 방향을 동쪽으로 10도 돌리기 바람. 이상!"
　화가 난 함장은 다시 신호를 보냈다.
　"나는 해군 함장이다. 방향을 돌려라. 이상!"
　상대가 다시 신호를 보내왔다.
　"나는 해군 일병이다. 그쪽에서 방향을 돌려라. 이상!"
　화가 끝까지 난 해군 함장은 최후의 신호를 보냈다.
　"이 배는 전함이다. 절대 진로를 바꿀 수 없다. 이상!"
　그러자 상대도 마지막 신호를 보냈다.
　"여기는 등대다. 그쪽 맘대로 해 봐라. 이상!"
　진리 앞에서는 누구나 고개를 숙여야 합니다. 인생에서 가장 어리석은 사람은 하나님과 원수지는 사람입니다. 가장 지혜로운 사람은 하나님과 친하게 지내는 사람입니다. 돈을 구별하는 문제에 있어서도 동일한 원리가 적용됩니다. 하나님의 법이 기준이 되도록 하십시오.

▶ 내 삶에 적용하기

나는 오늘 곱하기 인생을 사는지 아니면 더하기 인생을 사는지 솔직하게 적어 보고, 곱하기 인생을 살기 위해 잠시 포기해야 하는 것이 무엇이 있는지 솔직하게 적어 봅시다.

_____
_____
_____
_____

'헌금'에 대한 반듯한 생각

하나님을 사랑하는 자만이 구별을

고린도후서 9장 5절에서 "연보를 미리 준비하게 하도록 권면하는 것이 필요한 줄 생각하였노니 이렇게 준비하여야 참 연보답고 억지가 아니니라"라고 하였습니다. '구별한다', '준비한다'는 것은 무언가 특별한 사람에게 해당하는 것입니다. 특별한 마음을 품고 있는 사람에게 특별하게 대우하는 것처럼 말입니다. 마찬가지입니다. **하나님을 사랑하는 자만이 하나님께 드리는 헌금을 구별합니다.**

고린도후서 9장 7절에서 "하나님은 즐겨 내는 자를 사랑하시느니라"라고 하였습니다. 그리고 잠언 8장 17절에서도 "나를 사랑하는 자들이 나의 사랑을 입으며 나를 간절히 찾는 자가 나를 만날 것이니라"라고 하였습니다. 억지로, 형식적으로, 남의 눈치를 보면서 인색함으로 하는 것을 하나님께서는 기뻐하시지 않습니다.

어느 목사님이 교인들에게 묻습니다.

"여러분, 돈을 사랑합니까, 안 합니까?" "사랑합니다."

"그럼, 돈이 여러분을 사랑해 주던가요?" "아니요"

"사랑해 주지 않는 것을 왜 그토록 사랑합니까?" "짝사랑이지요, 뭘!"

짝사랑의 결과가 무엇입니까? 가슴이 아픕니다. 그리고 나중에는 허망하며 얻는 것이 없습니다.

하나님을 사랑하는 자만이 하나님을 위해 구별합니다. 그리고 하나님을 위해 구별할 줄 아는 자가 하나님의 구별을 받습니다. 바로 헌금이란 이 구별에서 출발하는 것입니다.

▶ 내 삶에 적용하기

하나님께 구별하여 드리기 위해 돌아오는 주일(또는 예배)부터 즉시 실천하기로 결심한 것이 무엇인지 적어 봅시다.

_____

_____

_____

돈 유머

한 미녀와 변호사가 나란히 기차에 탔다. 한참을 지루하게 가던 변호사는 시간도 때울 겸 그녀에게 재밌는 게임을 하자고 제안했다. 그러나 그 미녀는 피곤하다며 그 게임을 공손히 거절했다. 그런데 그 변호사는 정말 재밌고 쉬운 게임이라고 거듭 강조하며 그녀를 괴롭혔다.

"이 게임 정말 쉬워요. 그냥 질문을 해요, 그리고 대답을 못하면, 서로 만 원을 주는 거죠. 재밌지 않아요?"

다시 그녀는 공손히 거절을 하고, 고개를 돌려 잠을 청했다. 그때 변호사가 다시 말했다.

"좋아요, 좋아! 그렇다면 당신이 대답을 못 하면 만 원을 나에게 주고, 내가 대답을 못 하면 50만 원 주죠!"

게임에 응하지 않으면 끈질긴 이 남자에게서 벗어날 길이 없을지도 모른다고 생각하던 미녀는, 50만 원이라는 말에 찬성을 하고 말았다.

"달에서 지구까지의 거리가 얼마죠?"

그녀는 아무 말 없이 바로 지갑에서 만 원을 꺼내 주었다. 그러고는 그녀가 물었다.

"언덕을 오를 때는 다리가 세 개고 언덕을 내려 올 때는 다리가 네 개인 게 뭐죠?"

이 질문에 그 변호사는 당황했고, 노트북을 꺼내 컴퓨터 안에 있는 모든 데이터를 다 뒤졌다. 그러나 답은 없었다. 잠시 후, 그는 그가 전화할 수 있는 모든 동료에게 전화를 했고, 동료들에게 이메일을 보내기 시작했다. 그러나 결국 대답을 찾지 못했다.

한 시간 뒤, 결국 그는 치밀어 오르는 화를 참으며 그 미녀를 깨웠다. 그러고는 그녀에게 조용히 50만 원을 꺼내 주었다. 그러자 그녀는 고맙다고 한마디 하고는, 다시 잠을 청했다.

잠시 열을 식히던 변호사, 그녀를 깨우더니 물었다.

"아니, 대체 답이 뭐죠?"

그러자 그녀는 아무 말 없이 만 원을 꺼내 주었다. 그러고는 다시 잠을 잤다.

정리하기

■ **교정된 시각**

하나님께 구별하여 드리는 것은 그 누가 하는 것도 아닌 자신이 하는 것으로 "그 마음에 정한 대로", 즉 그 마음을 정하는 데 있어서 "(　　　)"이나 "(　　　)" 하는 것을 하나님께서 기뻐 받으시지 않는다는 것입니다.

■ **하나님 중심적인 구별**

하나님의 것을 구별하기 위해서는 먼저 하나님의 (　　　)에 기초해야 합니다. 이러한 구별은 변화된 (　　　)에서부터 나올 수 있습니다.

돈이 구별되는 것을 보면 이 사람이 (　　　)을 받은 사람인지 아닌지를 알 수 있습니다. 즉 돈은 우리가 어떤 사람인지를 가장 명확하게 설명해 주는 리트머스 시험지와도 같습니다.

■ **곱하기 인생**

하늘나라의 계산법은, upside down kingdom(거꾸로 왕국)의 법칙이 적용됩니다.

절대로 인간의 (　　　)에 의존하거나, 자신의 (　　　)에 의존하지 않도록 하십시오.

■ **하나님을 사랑하는 자만이 구별을**

하나님을 사랑하는 자만이 (　　　)을 구별합니다.

억지로, 형식적으로, 남의 눈치를 보면서 인색함으로 하는 것을 하나님께서는 기뻐하시지 않습니다.

하나님을 사랑하는 자만이 하나님을 위해 (　　　)합니다.

하나님을 위해 (　　　)할 줄 아는 자가 하나님의 (　　　)을 받습니다.

크리스천의 경제생활

8 신앙인의 돈 드리기(2)
"시험하여 보라"

생각 열기

나 자신의 돈에 대한 숨겨진 생각을 알아보기 위한 것입니다. 아래의 물음에 솔직하게 답변해 보세요.

> 미국 실업가 하이드는 십일조를 바치지 않을 때에는 문방구 겸 서점을 하면서 은행 증권에까지 손을 뻗쳤다가 10만 달러의 부채를 지게 되었습니다. 그러나 창세기 28장 22절을 읽고 하나님께 십일조를 바치기로 결심한 후에 맨소래담 공장을 차려 크게 성공하여 세계적인 맨소래담 왕으로 그 이름이 널리 알려졌습니다.
>
> 그는 십일조에서부터 점점 올려 나중에는 10분의 9를 하나님께 바치고 자기는 10분의 1을 가지고 살았을 정도로 복을 받았다고 합니다.

위의 글을 읽고 '하이드'가 십일조를 바친 이유가 무엇인지 생각해 보고, 현재 내가 십일조를 드리는 이유는 무엇인지 솔직하게 적어 봅시다.

___

___

___

___

목표 알기

1. 히브리서 11장 4절 말씀을 읽고 '하나님은 특별하게 구별되는 것을 원하시는 분'이심을 다른 성도들에게 설명할 수 있다.
2. 십일조는 단순한 '돈'의 문제가 아니라, 믿음의 장성한 분량에 이르게 하는 훈련임을 '군인'의 예를 들어 설명할 수 있다.
3. 온전한 십일조를 드리지 못하는 교인이 교회를 나약한 공동체로 만들 수 있다는 것을 '유혹'과 '훈련'이라는 단어를 사용하여 논리적으로 설명할 수 있다.
4. 말라기 3장 8~10절 말씀을 읽고 "하나님의 것을 도둑질"한다는 것이 무엇인지, 더불어 "시험하여 보라"는 의미가 무엇인지를 십일조 내기를 꺼려하는 성도에게 설명하여 이해시킬 수 있다.

오늘의 말씀

고린도후서 9장 5~11절

5 그러므로 내가 이 형제들로 먼저 너희에게 가서 너희가 전에 약속한 연보를 미리 준비하게 하도록 권면하는 것이 필요한 줄 생각하였노니 이렇게 준비하여야 참 연보답고 억지가 아니니라 6 이것이 곧 적게 심는 자는 적게 거두고 많이 심는 자는 많이 거둔다 하는 말이로다 7 각각 그 마음에 정한 대로 할 것이요 인색함으로나 억지로 하지 말지니 하나님은 즐겨 내는 자를 사랑하시느니라 8 하나님이 능히 모든 은혜를 너희에게 넘치게 하시나니 이는 너희로 모든 일에 항상 모든 것이 넉넉하여 모든 착한 일을 넘치게 하게 하려 하심이라 9 기록된 바 그가 흩어 가난한 자들에게 주었으니 그의 의가 영원토록 있느니라 함과 같으니라 10 심는 자에게 씨와 먹을 양식을 주시는 이가 너희 심을 것을 주사 풍성하게 하시고 너희 의의 열매를 더하게 하시리니 11 너희가 모든 일에 넉넉하여 너그럽게 연보를 함은 그들이 우리로 말미암아 하나님께 감사하게 하는 것이라

배워보기

교정된 시각

믿음으로 더 나은 제사를

하나님께 드리는 헌금은 '믿음'이 전제되어야 합니다. 히브리서 11장 4절에서는 "믿음으로 아벨은 가인보다 더 나은 제사를 하나님께 드림으로 의로운 자라 하시는 증거를 얻었으니 하나님이 그 예물에 대하여 증언하심이라 그가 죽었으나 그 믿음으로써 지금도 말하느니라"라고 기록하고 있습니다.

속된 말로 헌금에 있어서는 "잔머리를 굴리지 마십시오!" 창세기 4장 4절에 보면 아벨은 '양의 첫 새끼'를 드렸다고 되어 있습니다. 자신의 첫 결실을 믿음으로 하나님께 드렸다는 것입니다. 하나님은 그 아벨의 믿음을 보시고 제물을 받으셨습니다. 가인도 동일하게 제물을 드렸습니다. 그러나 가인의 제물에서는 특별한 구별이 나와 있지 않습니다.

특별한 '구별'

하나님은 특별하게 구별되는 것을 원하시는 분입니다. 때로 교인들을 보면 '헌금'에 대해서 생각이 많은 것을 보게 됩니다. 십일조를 이렇게 쪼개고 저렇게 쪼개고 계산하거나 이 헌금으로 혹은 저 헌금으로 끼워 맞추는 사람들을 보게 됩니다. 그러나 십일조는 하나님의 것으로 가장 먼저 구별하여 드려야 하는 것입니다.

진리는 명확하고 간단합니다. 고린도후서 9장 8절에서처럼 "하나님이 능히 모든 은혜를 너희에게 넘치게 하시나니 이는 너희로 모든 일에 항상 모든 것이 넉넉하여 모든 착한 일을 넘치게 하게 하려 하심이라." 우리가 하나님께 드릴 수 있는 것은 받은 것이 있기 때문입니다. 하나님께서는 이미 우리에게 은혜를 넘치게 주셨습니다.

생각 바꾸기

얼마 전 우리 장로님 중에 한 분이 사무실 앞에서 저를 기다리고 계셨습니다. 한 손에는 십일조 봉투를 들고, 딸을 데리고 말입니다. "목사님, 제 딸의 첫 열매입니다." 처음으로 받은 월급을 먼저 하나님께 드린다고 하였습니다.

> 저는 수개월 전, 아들을 데리고 저를 찾아오셨던 장로님의 모습을 기억하고 있습니다. 아들이 입사해 처음으로 받은 월급과 작은 금반지를 가지고 오셨던 모습을 말입니다.
>
> 저는 그렇게 기도를 했습니다. "하나님의 구별된 사람이 되게 해 주세요." 이 첫 열매에서 시작해서, 풍성한 열매를 거두기를 말입니다. – 김병삼 목사

▶ 내 삶에 적용하기

내가 월급을 받았을 때 아래의 각 항목 중 어느 것에 제일 먼저 돈을 지출하는지 솔직한 우선순위를 숫자로 표시해 보고, 하나님이 원하시는 우선순위는 어떤 것인지 비교하여 표시해 봅시다.

지출 항목	나의 우선순위	하나님의 우선순위
① 생활비(의·식) :	( )	( )
② 주택자금(부금·이자 등) :	( )	( )
③ 교육비 :	( )	( )
④ 십일조 :	( )	( )
⑤ 구제 또는 구별된 헌금 :	( )	( )
⑥ 보험 및 예금 :	( )	( )
⑦ 의료비 :	( )	( )
⑧ 기타( ) :	( )	( )
⑨ 기타( ) :	( )	( )

온전한 십일조의 원리

신앙의 특전대원을 만드는 훈련, 십일조!

십일조는 돈이 아니라 믿음입니다. 김동호 목사님의 책 「깨끗한 부자」에 보면 아주 재미있는 표현이 나옵니다. 교인을 특전대원과 같은 교인, 방위(요즘은 공익요원쯤 되겠죠) 같은 교인

으로 분류한 것입니다. 이 목사님의 견해에 따르면 정직한 십일조로 우리가 얻을 수 있는 것은 돈에 대한 욕심을 버리고 돈을 지배하고 다스릴 수 있는 힘을 얻게 된다는 것입니다.

군인 가운데 특수한 훈련을 받는 특전대원이 있습니다. 이들은 특별히 '공수 훈련'을 받습니다. 공중에서 뛰어 내리기도 해야 하고 때로는 목숨을 걸어야 합니다. 아무나 할 수 있는 것이 아닙니다. 그래서 이 훈련에는 예비적인 훈련이 필요한데 바로 '막타오'에서 뛰어 내리는 것입니다. 인간이 가장 공포를 느끼는 높이인 11m에서 뛰어내리는 훈련에 성공한 사람은 비행기에서도 뛰어 내릴 수 있다고 합니다.

그런데 십일조가 신앙의 특전대원을 만드는 훈련이라는 것입니다. 인간이 가장 공포심을 느끼는 액수가 십일조라는 말입니다. 십일조를 낼 수 있는 신앙인은 돈에 대한 욕심에서 '점프(Jump)'할 수 있습니다. 거기에서 뛰어내린 신앙인은 결국 돈에 대한 욕심에서 벗어날 수 있습니다. 그러므로 십일조를 드릴 수 있는 교인은 교회와 하나님의 나라를 위해 전투를 수행할 수 있는 자격이 있는 사람인 것입니다. 그러나 온전하게 십일조를 드리지 않는 사람은 아직 방공호 속을 뛰쳐나오지 못한 사람입니다.

흔히 훈련을 받을 때 '신병'은 어려운 훈련에 참여하지 못한다는 것이 인정됩니다. 왜냐하면 시간이 지나면 적응될 것이기 때문입니다. 그러나 오래된 병사가, 오래된 교인이, 오래된 중직들이 십일조의 훈련이 되어 있지 않다면 이것은 심각한 문제입니다. 그러므로 십일조는 단순한 '돈'의 문제가 아니라, 신앙 또는 믿음의 장성한 분량에 이르게 하는 훈련임을 분명히 알아야 하겠습니다.

온전한 십일조
온전한 십일조를 드리지 못하는 교인은 교회를 나약한 공동체로 만듭니다. 돈에 대한 올바른 몫을 가리지 못하는 사람은 작은 유혹에도 쉽게 넘어가는 사람이 됩니다. 십일조가 믿음의 훈련인 것은 하나님의 몫을 온전하게 가릴 수 있는 사람이 되어야 온전한 결정을 하는 사람이 되기 때문입니다.

어떤 목사님은 어느 정도 액수의 십일조를 하는 사람이 얼마나 있기를 기도합니다. 그러나 실상 이러한 기도는 올바르지 않습니다. 오늘날 교회에 필요한 것은 일정액수 이상의 십일조를 하는 사람이 늘어나는 것이 아니라 '온전한 십일조'를 드리는 사람이 늘어나야 한다는 것입니다.

▶ 내 삶에 적용하기

현재 내가 매달 드리고 있는 십일조가 온전한 십일조인지 계산해 보고, 그렇지 않다면 현재의 십일조와 온전한 십일조 간의 차이가 어디서 생긴 것인지 밝혀 봅시다. 그리고 그 차이에 대해 하나님은 어떻게 생각하실지 추측하여 적어 봅시다.

매달 드리는 십일조 :　　　　　　원
온전한 십일조 :　　　　　　　　　원
차　　　액 :　　　　　　　　　　원

차액이 생기는 이유는?
_____
_____

하나님의 생각은?
_____
_____

십일조! 믿음의 언약

　십일조가 돈이 아니라 믿음이라는 이유는 아브라함과 그 대를 이어 야곱을 통해서 알 수 있습니다. 하나님께서 아브라함과 새로운 언약을 통해 '열국의 아버지'로 삼으실 때, 즉 아브람이란 이름을 아브라함으로 바꾸실 때 행하신 것이 '할례'였습니다. 할례는 당시 근동지방에서 누구도 행하지 않는 것이었습니다. 이는 오직 하나님의 구별된 백성임을 드러내는 것이었습니다(창 17:10). 이 언약을 세운 이후에 하나님은 이삭의 출생에 대한 약속을 하셨습니다. 즉 이 할례는 단순한 의식이 아니라 믿음의 결단이었던 것입니다.

　야곱의 시대에 이르러 야곱이 도망자가 되어 피신하던 시절에 벧엘에서 하나님이 야곱을 만나셨습니다. 야곱은 특히 복에 대한 간절한 소망을 가지고 있었던 사람입니다. **그가 벧엘에서 하나님을 만나고 언약의 징표를 삼았습니다.** "내가 기둥으로 세운 이 돌이 하나님의 집이 될 것이요 하나님께서 **내게 주신 모든 것에서 십분의 일을 내가 반드시 하나님께 드리겠**

나이다 하였더라."(창 28:22)

이렇듯 십일조는 돈에 대한 문제가 아니라 이제부터는 하나님의 사람으로 살아가겠다는 믿음의 언약입니다.

묵상하기

창세기 28장 10~22절

10 야곱이 브엘세바에서 떠나 하란으로 향하여 가더니 11 한 곳에 이르러는 해가 진지라 거기서 유숙하려고 그 곳의 한 돌을 가져다가 베개로 삼고 거기 누워 자더니 12 꿈에 본즉 사닥다리가 땅 위에 서 있는데 그 꼭대기가 하늘에 닿았고 또 본즉 하나님의 사자들이 그 위에서 오르락내리락 하고 13 또 본즉 여호와께서 그 위에 서서 이르시되 나는 여호와니 너의 조부 아브라함의 하나님이요 이삭의 하나님이라 네가 누워 있는 땅을 내가 너와 네 자손에게 주리니 14 네 자손이 땅의 티끌 같이 되어 네가 서쪽과 동쪽과 북쪽과 남쪽으로 퍼져나갈지며 땅의 모든 족속이 너와 네 자손으로 말미암아 복을 받으리라 15 내가 너와 함께 있어 네가 어디로 가든지 너를 지키며 너를 이끌어 이 땅으로 돌아오게 할지라 내가 네게 허락한 것을 다 이루기까지 너를 떠나지 아니하리라 하신지라 16 야곱이 잠이 깨어 이르되 여호와께서 과연 여기 계시거늘 내가 알지 못하였도다 17 이에 두려워하여 이르되 두렵도다 이 곳이여 이것은 다름 아닌 하나님의 집이요 이는 하늘의 문이로다 하고 18 야곱이 아침에 일찍이 일어나 베개로 삼았던 돌을 가져다가 기둥으로 세우고 그 위에 기름을 붓고 19 그 곳 이름을 벧엘이라 하였더라 이 성의 옛 이름은 루스더라 20 야곱이 서원하여 이르되 하나님이 나와 함께 계셔서 내가 가는 이 길에서 나를 지키시고 먹을 떡과 입을 옷을 주시어 21 내가 평안히 아버지 집으로 돌아가게 하시오면 여호와께서 나의 하나님이 되실 것이요 22 내가 기둥으로 세운 이 돌이 하나님의 집이 될 것이요 하나님께서 내게 주신 모든 것에서 십분의 일을 내가 반드시 하나님께 드리겠나이다 하였더라

어떤 목사님은 "목회자로서 가장 힘들고 어려운 일이 무엇이냐?"라는 물음에 "하나님께 온전한 십일조를 드리지 못하는 사람과 함께 목회하는 것"이라고 대답을 했습니다. 온전한 믿음을 가지지 못한 사람과 함께하는 신앙생활이란 참으로 어려운 일입니다. 때로는 헌금 문

제를 가지고 부부간에 이견이 생기기도 합니다. 이처럼 헌금 문제가 믿음의 문제라고 한다면 우리의 결정은 중요합니다.

십일조가 돈 문제가 아니라 믿음의 문제라고 한다면 믿음의 결정을 해야 합니다. 왜냐하면 하나님은 돈을 보시는 분이 아니라 믿음을 보시는 분이기 때문입니다.

☺ 돈 유머

시골에서 서울로 유학 온 어느 대학생이 씀씀이가 커서 금방 용돈이 바닥났다. 하는 수 없이 시골집에 편지를 띄웠는데 내용은 이러했다.

"아버님, 죄송합니다. 집안 사정이 어려운 줄 알면서도 염치없이 다시 글을 올립니다. 아무리 아껴 써도 물가가 많이 올라서 생활비가 턱없이 모자랍니다. 죄송한 마음으로 글을 올리니 돈 좀 조금만 더 부쳐 주십시오. 정말 몇 번이나 망설이다 글을 띄웁니다.

※ 추신 : 아버님! 돈 부쳐 달라는 게 정말 염치없는 짓인 것 같아 편지를 회수하기 위해 우체통으로 달려갔습니다. 하지만 제가 달려갔을 때는 이미 우체부가 편지를 걷어 간 후였습니다. 아버님, 정말 죄송합니다. 편지 띄운 걸 정말 후회합니다."

며칠 후 그 학생의 아버지에게서 답장이 왔다.

"걱정하지 마라. 네 편지 못 받아 보았다."

'헌금'에 대한 반듯한 생각

믿음의 예물은 '감사함'으로 드리는 것

헌금은 하나님의 은혜에 대한 감사의 외적 표현입니다. "순종이 제사보다 낫다(삼상 15:22)"는 말씀은 물질 자체보다 드리는 마음과 태도가 더 중요하다는 말씀입니다. 시편 50편 23절에서도 "감사로 제사를 드리는 자가 나를 영화롭게 하나니 그의 행위를 옳게 하는 자에게 내가 하나님의 구원을 보이리라"라고 하였습니다.

> ### 생각 바꾸기
>
> 어떤 젊은 청년 하나가 십일조 설교를 듣고 감동을 받아 십일조를 드리기로 결심을 했습니다. 그 당시 한 달 월급인 만 원의 십분의 일인 천 원을 드렸습니다. 천 원을 드리는 것은 어렵지 않았습니다.
>
> 시간이 흘러 한 달 월급이 10만 원이 되었습니다. 십분의 일인 만 원은 조금 힘들다고 느꼈지만 드렸습니다.
>
> 이제 한 달 월급이 100만 원이 되었습니다. 10만 원을 내려고 하니 아까웠습니다. 이를 악물고 10만 원을 드렸습니다.
>
> 그리고 세월이 지나 한 달에 1,000만 원을 벌게 되었습니다. 100만 원을 드려야 하는데, 아까운 마음에 도저히 낼 수 없었습니다. 이 청년은 목사님을 찾아가서 십일조 서약을 그만 두고 싶다고 했습니다.
>
> 목사님께서는 웃으시면서 십일조의 서약을 어기지 않고 쉽게 낼 수 있게 도와주겠다고 하셨습니다. 청년은 기뻐 놀라며 어떻게 하면 되느냐고 물었습니다.
>
> 목사님은 이렇게 대답하셨습니다. "형제가 옛날처럼 한 달에 십일조를 천 원만 드리도록 기도해 드리죠."

"시험하여 보라"

어떤 이에게는 십일조의 시험이 'test'가 되기도 하고, 어떤 이에게는 이 시험이 'temptation'이 되기도 합니다. 누구나 십일조의 '시험(test)'에서 통과하면 특공대원과 같은 신앙인이 될 수 있습니다. 그리하여 하나님의 사역에 파트너로 삼으실 것입니다. 그러나 십일조가, 하나님께 드리는 것이 '유혹(temptation)'이 된다면 영적 전투에서 가장 나약한 사람이 될 것입니다.

그러므로 우리에게는 분명하고 선명한 기준이 필요합니다. 성경은 말라기 3장 8절을 통해 분명히 "십일조는 하나님의 것이요, 도적질하지 말라"는 경고의 메시지를 전하고 있습니다. 그리고 말라기 3장 10절에서 분명하게 말씀하고 있습니다. "시험하여 보라"고 말입니다.

많은 사람들이 하나님을 믿지만 그 사람들 모두 하나님께 쓰임 받는 것은 아닙니다. 하나님을 향하여 구별할 줄 아는 자를 하나님께서는 구별하시며 사용하십니다.

묵상하기

말라기 3장 8~10절

8 사람이 어찌 하나님의 것을 도둑질하겠느냐 그러나 너희는 나의 것을 도둑질하고도 말하기를 우리가 어떻게 주의 것을 도둑질하였나이까 하는도다 이는 곧 십일조와 봉헌물이라 9 너희 곧 온 나라가 나의 것을 도둑질하였으므로 너희가 저주를 받았느니라 10 만군의 여호와가 이르노라 너희의 온전한 십일조를 창고에 들여 나의 집에 양식이 있게 하고 그것으로 나를 시험하여 내가 하늘 문을 열고 너희에게 복을 쌓을 곳이 없도록 붓지 아니하나 보라

생각 바꾸기

봅 레링턴이라는 군목이 어느 날 십일조에 대하여 설교했다.

그 말씀을 통하여 은혜 받은 집사 한 분이 강단 앞에 나와 이야기했다.

"목사님, 저도 오늘부터 십일조를 내기로 결심했습니다. 저의 결심이 변치 않도록 무릎을 꿇고 기도해 주십시오."

그러자 목사님이 그에게 물었다.

"당신 집사 된 지 몇 년이나 되었소."

그는 10년이라고 대답했다.

그러자 목사님은 진담 반 농담 반으로 이야기했다.

"이거 야단났구먼. 나를 눈 감고 무릎 꿇게 해서 꼼짝 못하게 해 놓고 나의 호주머니를 털어가려는 것이 아니요? 10년이나 하나님의 호주머니를 털어왔으니 목사 주머니야 여부 있겠소?"

▶ 내 삶에 적용하기

'하나님의 것을 도둑질' 한 경험이 있습니까? 만약 있다면 동심으로 돌아가 하나님 앞에 회개의 반성문을 써 봅시다.

[반 성 문]

제출자 (   )   출석교회 (   )   직분 (   )

_____
_____
_____
_____
_____
_____

위의 내용에 대해 진심으로 회개하며 반성합니다.

년   월   일   서명 :

정리하기

■ **특별한 '구별'**

하나님은 특별하게 (   )되는 것을 원하시는 분입니다.
십일조는 하나님의 것으로 가장 먼저 (   )하여 드려야 하는 것입니다.

■ **신앙의 특전대원을 만드는 훈련, 십일조!**

십일조는 돈이 아니라 (   )입니다.

그러므로 십일조는 단순한 '돈'의 문제가 아니라, 신앙 또는 믿음의 장성한 분량에 이르게 하는 (   )임을 분명히 알아야 하겠습니다.

■ 온전한 십일조

오늘날 교회에 필요한 것은 일정액수 이상의 십일조를 하는 사람이 늘어나는 것이 아니라 '(   ) 십일조'를 드리는 사람이 늘어나야 한다는 것입니다.

■ 십일조! 믿음의 언약

십일조는 돈에 대한 문제가 아니라 이제부터는 하나님의 사람으로 살아가겠다는 (   )의 (   )인 것입니다.
왜냐하면 하나님은 돈을 보시는 분이 아니라 (   )을 보시는 분이기 때문입니다.

■ 믿음의 예물은 '감사함'으로 드리는 것

헌금은 하나님의 은혜에 대한 (   )의 외적 표현입니다.

■ "시험하여 보라"

분명하고 선명한 기준이 필요합니다.
성경은 말라기 3장 8절을 통해 분명히 "(   )는 하나님의 것이요, (   )하지 말라"는 경고의 메시지를 전하고 있습니다.
그리고 말라기 3장 10절에서 분명하게 말씀하고 있습니다. "(   )하여 보라"고 말입니다.
많은 사람들이 하나님을 믿지만 그 사람들 모두 하나님께 쓰임 받는 것은 아닙니다.
하나님을 향하여 (   )할 줄 아는 자를 하나님께서는 (   )하십니다.

크리스천의 경제생활

신앙인의 미래 설계(1)

올바른 미래 설계

생각 열기

나 자신에 대한 숨겨진 생각을 알아보기 위한 것입니다. 자신에게 해당되는 내용에 솔직하게 ○ 표시해 보세요.

1. 나는 불투명한 나의 미래 때문에 늘 걱정이다. (   )
2. 나는 보장된 미래를 위해 최선의 계획을 세우고 실천하고 있다. (   )
3. 나의 미래는 비교적 안정적이고 희망적이다. (   )
4. 나는 미래의 방향 설정을 위해 늘 하나님의 음성을 듣고자 노력한다. (   )
5. 나는 명확한 삶의 기준을 가지고 미래를 설계한다. (   )
6. 사람들의 미래는 그들의 적극적인 노력 여하에 달려 있다. (   )

목표 알기

1. 돈이 우리 미래의 삶의 방향이나 행복을 보장해 주지는 못함을 통계자료나 신문기사를 인용해서 다른 성도들에게 설명할 수 있다.
2. 야고보서 4장 14절의 말씀과 전도서 1장 2절 말씀을 읽고 내가 계획해 놓은 미래에 대해 하나님이 어떻게 생각하고 계시는지를 설명할 수 있다.
3. '하나님의 말씀'이 우리의 미래 설계에 중요한 이유를 'Canon'이라는 영어 단어를 이용

하여 설명할 수 있다.
4. '원칙 중심의 미래설계'를 위해 내가 할 수 있는 '하나님의 음성'을 듣는 실천적인 방법이 무엇인지를 자신의 실생활의 예를 들어 다른 성도들에게 설명할 수 있다.

오늘의 말씀

야고보서 4장 13~14절

13 들으라 너희 중에 말하기를 오늘이나 내일이나 우리가 어떤 도시에 가서 거기서 일 년을 머물며 장사하여 이익을 보리라 하는 자들아 14 내일 일을 너희가 알지 못하는도다 너희 생명이 무엇이냐 너희는 잠깐 보이다가 없어지는 안개니라

배워보기

교정된 시각

야고보서 4장 14절에 "내일 일을 너희가 알지 못하는도다"라고 되어 있습니다. 계획을 세우지만 우리의 계획을 확신할 수 없다는 말입니다. 시편 127편 1절에서도 "여호와께서 집을 세우지 아니하시면 세우는 자의 수고가 헛되며 여호와께서 성을 지키지 아니하시면 파수꾼의 깨어 있음이 헛되도다"라고 하였습니다.

계획은 우리가 얼마든지 세울 수 있습니다. 그리고 그 계획의 중심에는 늘 '돈'이 있습니다. 그러나 그 '돈'이 우리의 삶의 방향이나 행복을 보장해 주지는 못합니다.

생각 바꾸기

> 영국 신경제재단(NEF)이 7월 발표한 행복지수(HPI)에서 178개국 중 1위를 차지한 나라는 국내총생산(GDP)이 2,900달러에 불과한 남태평양의 섬나라 바누아투였다. GDP로만 따지면 233개국에서 207위인 가난한 나라다.
>
> 윤치관 씨(57세·태권도 사범)는 2001년부터 바로 이 '가장 행복한 나라'에 살고 있다. 처음에 바누아투의 삶은 마치 정지돼 있는 듯했다고 윤 씨는 회상한다.

원주민 대다수는 뚜렷한 직업이 없었고, 사시사철 따뜻한 날씨(평균 23도) 덕에 비를 피할 정도의 움막이면 만족했다. 윤 씨는 지금껏 "부자가 되겠다"거나 "남보다 잘 살아야겠다"는 말은 들어보지 못했다. '먹을 것'이 천지에 널려 있었던 것도 이유였다. 심고 가꾸지 않아도 자연은 넉넉한 밥상을 베풀어줬다. 원주민들은 배가 고프면 나무열매를 따거나 고구마 같은 작물을 캐 먹었다. 물고기는 바다에 나가면 쉽게 잡았다.

전체 인구 20만 8,800명(올해 7월 기준) 중 일자리를 가진 사람은 7% 정도. '실업(失業)'이라는 개념도 없다. 모두가 이웃처럼 잘 아는 까닭에 범죄도 거의 없다.

그러나 한국 이민자들은 적응에 애를 먹는 경우가 많다. '특별한 재미가 없다'는 고민에 빠진다는 것. 윤 씨는 "'느리게 사는 법'을 배워야 바누아투에서 살아갈 수 있다"고 말했다. 이곳에는 30명가량의 한국 교민이 거주한다.

'바누아투의 영국 친구들' 단체의 회장인 노먼 샤클리 씨는 "바누아투에는 '반기는 척' 하는 사람들이 없다. 어디를 가나 진심으로 반겨준다"고 전했다.

샤클리 씨와 10세 된 아들은 항공사 파업으로 바누아투에서 3주간 발이 묶인 적이 있다. 오갈 데 없는 부자를 머물게 해 준 사람은 생면부지의 원주민이었다.

"원주민 청년에게 '생계는 어떻게 꾸려 가나요?'라고 물었더니 낚싯대를 가리키면서 '이거요' 그러더군요. 알고 보니 그는 영국 유학 경험도 있었지만 소득보다 단순한 삶에 만족하고 다른 것은 바라지 않았어요."

– 동아일보 2006년 12월 16일자

〈참고자료〉 ■ 주요국 행복지수

1위 : 바누아투   31위 : 중국
2위 : 콜롬비아   95위 : 일본
3위 : 코스타리카   102위 : 한국
4위 : 도미니카   108위 : 영국
5위 : 파나마   129위 : 프랑스
    150위 : 미국

– 영국 싱크탱크 신경제학재단(NEF), 2006년 자료

▶ 내 삶에 적용하기

위의 '생각 바꾸기'에서 제시된 영국 신경제재단(NEF)이 발표한 행복지수(HPI) 순위를 바탕으로 돈이 행복의 조건이 아님을 '1인당 국민소득'과 '개인이 느끼는 행복의 정도'와의 관계를 중심으로 증명해 보고, 나의 삶에 시사하는 바를 짧게 써 보세요.

_____

_____

올바른 미래 설계

돈에 대하여 많은 말씀을 생각해 보았지만 결론은 돈으로는 우리가 행복해질 수 없다는 것입니다. 앞에서 우리는 돈을 어떻게 사용하느냐가 더욱 중요하다는 것을 배웠습니다. 이번 과에서는 미래의 계획을 세우는 데 돈이 필요하지만, 돈으로 해결될 수 없음을 배우게 될 것입니다.

그러면 어떤 마음으로, 어떤 시각으로 미래를 설계해야 할까요?

지나치게 미래를 확신하지 마십시오

야고보서 4장 14절에 나오는 '내일'이란 단어는 미래를 총칭하는 말입니다. 하나님을 신뢰하지 않는 신앙인들은 자신들의 안목으로 미래를 설계합니다. 여기서 말하는 자신의 안목은 바로 '돈'입니다. 돈으로 미래를 설계하는 것만큼 어리석은 것이 없습니다.

그렇다면 신앙인이라면 미래를 어떻게 설계해야 합니까? 전도서 기자가 가장 많이 사용하는 말 중의 하나가 "헛되다"라는 말입니다. 전도서 1장 2절에 보니까 "전도자가 이르되 헛되고 헛되며 헛되고 헛되니 모든 것이 헛되도다"라고 말을 합니다.

지혜서라 불리는 전도서가 어떻게 이런 허무주의적인 발언을 할 수 있습니까? 그런데 성서학자들에 따르면, 전도서가 헛되다고 하는 것은 "인간의 수고가 헛되다"는 것입니다. **인간이 계획해 놓은 미래는 헛된 것입니다.** 우리가 수없이 많은 계획들을 세워 놓지만 모르는 것이 얼마나 많은지 또한 내일 어떤 일이 일어날지를 알지 못합니다.

미국의 9.11 사태를 바라보면서 부의 상징이었었던 미국의 맨해튼이 그렇게 쉽게 무너져 내리리라고 상상이나 할 수 있었나요? 그곳에는 많은 꿈을 가진 사람들이 있었습니다. 소위 이 시대의 잘 나가는 사람들이 있었습니다. 예기치 않은 사람에 의해 나의 꿈이 정말로 허무하게 무너져 내릴 수 있습니다.

대구의 지하철 참사를 기억하시나요? 거기에는 애인을 만나러 갈 약속을 한 사람도 있었습니다. 열심히 공부를 하고 미래에 대한 꿈을 가지고 시험을 치르러 가는 사람도 있었습니다. 보다 나은 내일을 위해 돈을 벌기 위해 일을 나가는 사람도 있었습니다. 모두가 계획을 가지고 나갔지만 그들의 계획대로 되지 않았습니다. 아무도 모르는 한 사람에 의해 모두의 계획이 물거품이 되어 버리고 만 순간이었습니다.

생각 바꾸기

> 양을 치는 목동이 눈 내리는 어느 겨울밤 한 무리의 양떼를 몰고 눈을 피해 한 동굴 속으로 들어갔다. 그때 마침 그 동굴 속에는 야생의 살찐 양들이 한 떼 들어와 눈을 피하고 있었다. 이 목동은 의외의 사태에 회심의 미소를 띠며 동굴 속에 이미 들어와 있는 살찐 야생의 양들을 제 것으로 만들고 싶었다.
>
> 목동은 자기의 양을 버려두고 야생의 양떼들에게 열심히 건초를 먹였다. 눈이 날리던 겨울이 지나고 눈이 멎자 건초를 실컷 얻어먹고 기운이 팔팔해진 야생의 양떼들은 건초를 얻어먹은 데 대한 인사말 한마디도 없이 쏜살같이 동굴을 빠져나가 들과 숲으로 달아나 버리고 말았다. 야심을 가지고 정성을 쏟았던 목동으로서는 이만 저만한 손해가 아니었고 실망도 컸다.
>
> 그런데 문제는 또 있었다. 추위에 떨며 동굴 속에서 야생의 양들 때문에 건초조차 제대로 얻어먹지 못한 다른 양들이 모두 굶어 죽어 버렸다.

미래의 안목을 가지고 계획을 세우는 일은 필요합니다. 그러나 당신이 세워 놓은 그 미래를 너무 확신하지는 마십시오. 이것은 허무주의에 빠지라는 것이 아닙니다. 오히려 전도서 기자가 이야기했던 본뜻을 잘 알아야 합니다. 인간의 모든 부귀영화를 이루었던 지혜의 왕 솔로몬이 보니 인간의 노력이 얼마나 헛된지 모르겠다는 표현입니다. 전도서의 결론 부분인 12장 1절에 보면 "너는 청년의 때에 너의 창조주를 기억하라 곧 곤고한 날이 이르기 전에, 나는 아무 낙이 없다고 할 해들이 가깝기 전에"라고 되어 있습니다.

자신의 미래를 확신하는 사람이 아니라, 창조주 하나님을 기억하는 사람이 되라는 말씀입니다. 이것이 우리가 오늘 미래의 계획을 세우는 데 있어서 꼭 기억해야 할 일입니다.

▶ 내 삶에 적용하기

내가 계획하고 있는 10년 후의 나의 변화된 삶의 모습과 그 계획의 불확실성 또는 그 계획을 방해하는 요인들이 무엇인지 적어 보고, 이러한 나의 미래의 계획에 대한 하나님의 생각을 추측하여 적어 보세요.

10년 후 계획된 삶의 변화	계획의 불확실성 또는 방해 요소
➡	
➡	
➡	

나의 미래 계획에 대한 하나님의 생각

☺ 돈 유머

한 젊은 남자가 늙은 갑부에게 어떻게 돈을 많이 벌게 되었는지 물었다.

"음. 1932년이었지. 사회적으로 엄청난 공황이 있었고 내 손에는 딱 100원이 있었다네. 난 100원을 가지고 사과 한 개를 샀지. 하루 종일 그 사과를 닦고 광을 내서 그날 저녁에 200원에 팔았다네. 다음 날도 200원으로 사과 두 개를 사서 닦고 광을 냈지. 저녁에는 400원에 팔고 말이야. 이렇게 한 달여 동안 사과를 사고팔고 했더니 내 수중에 백만 원이라는 돈이 들어왔다네."

젊은 남자는 흥미롭게 이야기를 들으며 물었다.

"그래서요?"

그러자 노인이 대답했다.

"그때 우리 장인어른이 20억을 유산으로 남기고 돌아가셨어."

원칙이 필요합니다

야고보서 4장 14절에 보니까 '안개'라는 말이 있습니다. 우리의 인생이 우리의 계획이 안개에 가려져 있다는 것입니다. 또한 쉬 사라져 버리는 유한성 즉, 기준이 될 수 없는 것을 뜻합니다. 안개는 방향을 잃게 합니다. 방향을 잃으면 두려움에 쌓이게 됩니다. 그리고 그 두려움은 우리의 신경을 마비시켜서 활동성을 잃게 합니다.

이 혼탁한 안개 속에서 우리에게 필요한 것은 나침반입니다. 나침반은 방향을 잃고 있는 우리에게 아무것도 보이지 않는 곳에서 흔들리지 않고 방향을 잡아 주는 역할을 합니다.

리더십 이론의 대가인 스티븐 코비는 원칙 중심의 리더십이라는 책에서 올바른 원칙과 목적의식을 강조했습니다. **변하지 않는 무엇이 필요합니다. 가변적인 것은 원칙이 될 수 없습니다. 영원히 변하지 않는 진리, 그것만이 방향을 잡아줄 수 있습니다.**

한국의 기능공이 일본에 취업을 하러 갔답니다. 이 사람은 이미 기능 올림픽에서 상을 받은 경력이 있는 사람이었습니다. 한 일본 중소기업체의 사장이 말하기를, "줄을 30cm 길이로 자르시오."라고 했습니다. 한국의 기능공은 너무나 쉬운 일이라며 줄을 하나 재고 나서는 그 줄을 가지고 다음 줄을 그리고 그것으로 그 다음 줄을 잘랐습니다. 그리고 결과를 보니까 줄의 길이가 다 달랐습니다.

그런데 일본 기능공이 일을 하는 모습을 보니까 시간은 걸리지만 하나하나를 자를 때마다 매번 자에 대고 자르는 것입니다. 그 결과, 모든 줄들이 정말 완벽하게 맞았다고 합니다. 여기서 우리가 반드시 알아야 할 것은 정확하고 변치 않는 기준만이 정확한 결과를 보장한다는 것입니다. 원칙이 필요합니다. 변하지 않는 '그 무엇' 말입니다.

영어로 성경을 'Canon'이라고도 합니다. 'Canon'은 규범이라는 말인데 우리의 삶의 척도가 된다는 뜻입니다. 이 말은 고대 이집트인들이 갈대를 가지고 자로 사용한 것에서 유래합니다. 바로 이 갈대가 'Canon'입니다. 삐뚤지 않은 곧은 갈대만이 정확한 길이를 잴 수 있습니다.

무엇이 우리의 인생을 인도할 수 있습니까? 우리가 미래를 설계해 나가는 데 변하지 않는 원칙, 바로 '하나님의 말씀'으로 우리의 인생을 설계해야 합니다.

'바람직한 미래 설계'를 위한 반듯한 생각 : 원칙 중심의 미래 설계

나침반의 바늘은 몇 개입니까? 만일 바늘이 여러 개가 있다면 어떻게 될까요? 과연 그 나침반이 효력을 발휘할 수 있을까요?

하나님의 말씀을 모르는 사람이, 하나님의 음성을 듣지 않는 사람이 어떻게 인생을 설계할 수 있습니까? 하나님의 음성을 구별하지 못하는 사람이 어떻게 인생을 설계할 수 있습니까?

> **생각 바꾸기**
>
> 오래 전 아프리카의 흑인 노예들을 가득 태운 노예선이 미국을 향해 떠났다. 배 밑창에 갇혀 있던 흑인들은 반란을 일으켜 탈출하기로 결정하고 일제히 갑판으로 뛰어 올라왔다.
>
> 그러고는 모든 백인들을 바다에 던져 넣고 모든 기물을 파괴하였다. 선장실에 있던 나침반마저 부숴버린 이들은 이제는 자유라며 기뻐하였다.
>
> 그러나 나침반이 없는 그 배는 방향을 잃어버리고 파도에 견디지 못해서 결국 파선 당하고 말았다.

하나님의 음성을 듣고자 기도하면 하나님의 음성이 들리게 되어 있습니다. 아무것도 보이지 않는 안개 속이라고 하여도 하나님의 음성을 들으면 우리는 가야 할 방향을 정할 수 있습니다.

우리가 인생을 설계하려고 할 때 여기저기에서 소리들이 들릴 것입니다. 돕는다고 조언을 하는 소리들이 들릴 것입니다. 그러나 아주 정확한 기준, 즉 하나님의 지시하심을 보지 못한다면 아무 소용없습니다.

한 손으로 자신의 코를 잡고 코끼리 코를 만든 채로 열 바퀴쯤 돌고 나서 방향을 잡아 보십시오. 방향이 제대로 잡히던가요? 돌고 돌아가는 인생의 소용돌이 속에서 자기 스스로 인생의 방향을 잡을 수 있으리라고 생각을 하시나요?

돈에 관한 하나님의 원칙, 정확한 기준, 그것이 변하지 않도록 하십시오! '원칙 중심의 미래설계'는 처음에는 더디 가는 것 같고, 다른 사람들이 손가락질 하는 것 같으나 절대로 후회가 없습니다.

▶ 내 삶에 적용하기

'원칙 중심의 미래설계'를 위해서는 정확한 기준인 하나님의 음성을 들어야 합니다. 인생의 소용돌이 속에서 하나님의 음성을 들을 수 있는 방법 중에 지금 나에게 꼭 필요한 것이 무엇이며, 이것을 나의 삶에 어떻게 실천하고자 하는지 다짐을 써 보세요.

_____
_____
_____
_____

정리하기

■ **교정된 시각**

계획은 우리가 얼마든지 세울 수 있습니다. 그리고 그 계획의 중심에는 늘 '(   )'이 있습니다. 그러나 그 '(   )'이 우리의 삶의 방향이나 행복을 보장해 주지는 못합니다.

■ **지나치게 미래를 확신하지 마십시오.**

인간이 (   )해 놓은 미래들은 헛된 것입니다. 우리가 수없이 많은 (   )들을 세워 놓지만 모르는 것이 얼마나 많은지 또한 내일 어떤 일이 일어날지를 알지 못합니다.

자신의 미래를 확신하는 사람이 아니라, 창조주 (   )을 기억하는 사람이 되라는 말씀입니다. 이것이 우리가 오늘 미래의 (   )을 세우는 데 있어서 꼭 기억해야 할 일입니다.

■ **원칙이 필요합니다.**

무엇이 우리의 인생을 인도할 수 있습니까?

우리가 미래를 설계해 나가는데 **변하지 않는 (   ), 바로 '하나님의 (   )'** 이 우리의 인생을 설계하도록 만들어야 합니다.

무엇이 우리의 인생을 인도할 수 있습니까? 우리가 미래를 설계해 나가는 데 **변하지 않는 (   ), 바로 '하나님의 (   )'** 으로 우리의 인생을 설계해야 합니다.

■ '바람직한 미래 설계'를 위한 반듯한 생각

하나님의 (   )을 듣고자 기도하면 하나님의 (   )이 들리게 되어 있습니다. 아무것도 보이지 않는 안개 속이라고 하여도 하나님의 (   )을 들으면 우리는 가야 할 방향을 정할 수 있습니다.

돈에 관한 하나님의 (   ), 정확한 기준, 그것이 변하지 않도록 하십시오!

'(   ) 중심의 미래설계'는 처음에는 더디 가는 것 같고, 다른 사람들이 손가락질하는 것 같으나 절대로 후회가 없습니다.

크리스천의 경제생활

신앙인의 미래 설계(2)
우선순위

생각 열기

나 자신에 대한 숨겨진 생각을 알아보기 위한 것입니다. 아래의 물음에 솔직하게 답변해 보세요.

> … 부자가 되고, 명예를 얻고, 아이가 대학에 합격하기만 하면 행복한 줄 알았는데 그건 아닌 듯합니다. 억대 연봉을 받는 이들은 경쟁에서 이기기 위해 일 중독에 빠지고, 이들을 따라잡을 방법이 보이지 않는 이들은 대박으로 인생역전을 꿈꾸다 회복할 수 없는 나락으로 빠져듭니다. 삶의 보루가 돼야 할 가정은 가정대로 거친 바다를 헤쳐 가는 조각배와 같습니다.
> 심리학자들은 "행복은 마음먹기에 달렸다"며 행복 이론을 전파하나 공허한 메아리에 그칠 뿐입니다. 사회 안전망 부재로 지뢰밭을 연상케 하는 땅, 자칫 뻐끗해 중병이라도 걸리면 직장이고 가정이고 개인이고 끝장입니다. 이래서는 정말 안 되는데, 어디서 무엇부터 시작해야 할지 누구도 알지 못합니다. 견디다 못해 이 땅을 떠나는 이들이 줄을 잇고 있으나, 안타깝게 지켜보는 것 이외에는 방법이 없습니다. – 문화일보 2006년 11월 1일자

위의 기사를 읽고 '행복한 미래'를 만들기 위해 내게 필요한 것들이 무엇인지 중요한 '우선순위' 대로 세 가지만 적어 보세요.

1순위 (　　　　　　) 2순위 (　　　　　　) 3순위 (　　　　　　　)

목표 알기

1. "우선순위"에 따른 미래 설계의 중요성을 다른 성도들에게 설명할 수 있다.
2. 성경의 말씀(마 6:33, 창 2:24, 창 1:28)을 인용해 하나님이 원하시는 우선순위가 무엇인지 말하고 설명할 수 있다.
3. 히브리서 11장 24절 말씀을 읽고 '거절'이 우리의 신앙과 미래 설계에 왜 필요한지를 설명할 수 있다.
4. "하나님을 앞서 가기 때문"에 발생할 수 있는 문제가 무엇이며, 왜 그 문제가 발생하는지를 예를 들어 설명할 수 있다.

오늘의 말씀

야고보서 4장 13~14절

13 들으라 너희 중에 말하기를 오늘이나 내일이나 우리가 어떤 도시에 가서 거기서 일 년을 머물며 장사하여 이익을 보리라 하는 자들아 14 내일 일을 너희가 알지 못하는도다 너희 생명이 무엇이냐 너희는 잠깐 보이다가 없어지는 안개니라

배워보기

교정된 시각

이런 법칙들이 있습니다. 혹시 공감이 가는지 모르겠습니다.

- 정류장의 법칙: 그냥 지나칠 때는 자주 오던 버스도 타려고 기다리면 죽어도 안 온다.
- 신체의 법칙: 가려움은 손이 닿기 어려운 부위일수록 그 정도가 심하다.
- 수입 지출의 법칙: 뜻밖의 수입이 생기면 반드시 뜻밖의 지출이 더 많이 생긴다.
- 세차의 법칙: 큰맘 먹고 세차를 하면 꼭 비가 온다.
- 애프터서비스의 법칙: 고장 난 제품은 서비스맨이 당도하면 정상으로 작동된다.

- 시험의 법칙: 공부를 안 하면 몰라서 틀리고 어느 정도 하면 헷갈려서 틀린다.
- 택시의 법칙: 급해서 택시를 기다리면 빈 택시는 반대편에서만 나타난다. 기다리다 못해 건너가면 먼저 있던 쪽에서 자주 온다.
- 정리정돈의 법칙: 찾는 물건은 항상 마지막으로 찾아보는 장소에서 발견된다.
- 동창회의 법칙: 동창회에 가면 좋아하는 사람은 결혼을 했고 상관없는 사람들끼리만 2차를 간다.
- 미팅의 법칙: 미팅에 나가 저 애만 안 걸렸으면 하는 애가 꼭 짝이 된다.
- 주유소의 법칙: 운전하다 기름이 떨어져 주유소를 찾으면 꼭 반대쪽에서 나타난다.
- 세일의 법칙: 바겐세일에 가 보면 꼭 사려는 물건은 세일 제외 품목이다.
- 사고의 법칙: 보험에 들면 사고가 안 난다. 사고 난 사람은 꼭 생명보험에 안 든 사람이다.
- 화장실의 법칙: 공중화장실에서 제일 짧은 줄에 서면 꼭 안의 사람이 큰일을 보는지 오래 걸린다.
- 인생살이의 법칙: 사태를 복잡하게 하는 것은 간단한 일이지만 사태를 간단하게 하는 것은 매우 복잡한 일이다.

 이러한 법칙들을 보면서 어떤 생각을 하게 되십니까? 인생이란 우리의 마음대로 안 된다는 생각이 들지 않습니까? 우리는 이러한 법칙들을 보면서 우리의 마음먹은 대로 움직이기보다는 오히려 반대로 작용하는 경우들이 많음을 시인할 수밖에 없습니다.
 어쩌면 동양적인 사고에서 나오는 순리(順理)라는 말은 결국은 내 마음대로 인생이 되는 것이 아니기에 돌아가는 이치에 자신을 맡긴다는 말일 것입니다. **신앙이 없는 사람은 순리를 따라 삽니다. 순리의 법칙을 벗어나지 못합니다. 그러나 신앙인은 순리를 만드시는 '하나님의 법칙'을 따라 삽니다.** 믿음이 없는 사람은 순리에 역행할 때 '절망감'을 느끼지만, 믿음이 있는 사람은 또 다른 순리를 만드시는 하나님과 함께 '놀라운 비전'을 소유하게 됩니다. 순리를 역행하는 삶이 아니라 새로운 순리를 만들어 가는 것이야말로 가장 중요한 신앙인의 '미래 설계'가 될 것입니다.

하나님의 법칙 : '우선순위'에 따른 미래 설계

야고보서 4장 14절에서 야고보서 기자는 이렇게 묻습니다. "너희 생명이 무엇이냐?" 이것은 아주 근본적인 물음으로, 다시 말하면 "너의 삶이 과연 무엇이며, 무엇을 향해 가고 있느냐?"라고 묻는 것입니다. 미래를 설계함에 있어서, 물질을 사용함에 있어서 이 물음은 반드시 선행되어야 합니다.

괴테는 "가장 중요한 것이 가장 하찮은 것에 의해 좌우되어서는 안 된다."라고 말을 했습니다. 스티븐 코비의 「성공하는 사람들의 일곱 가지 습관」이라는 책에서도 보면, **성공하지 못하는 사람들의 특징은 '급하지만 중요하지 않은 일들'에 자신의 시간의 대부분을 투자한다고 합니다.**

긴급한 일은 대개 눈앞에 보이는 일들입니다. 따라서 그러한 일들이 우리에게 압박감을 주고 행동하도록 졸라댑니다. 그러나 이런 긴급한 일들이 그렇게 중요하지 않은 경우가 많이 있습니다.

중요성은 결과와 밀접한 관계가 있습니다. 그러므로 지금 이렇게 중요한 일을 했을 때 나타나는 결과와 그렇게 긴박하지는 않지만 우선순위를 두었을 때 일어날 결과를 예측해 보아야 합니다.

하나님의 우선순위

성경에서 말하는 우선순위가 있습니다. 이 우선순위는 우리의 인생에서 미래를 설계하는 데 분명하게 적용이 되어야 합니다.

첫 번째는 '하나님'(God first)입니다. 마태복음 6장 33절에서는 "너희는 먼저 그의 나라와 그의 의를 구하라 그리하면 이 모든 것을 너희에게 더하시리라"라고 하였고, 고린도전서 10장 31절에서는 "그런즉 너희가 먹든지 마시든지 무엇을 하든지 다 하나님의 영광을 위하여 하라"고 말씀하셨습니다.

두 번째는 '가정'(Family second)입니다. 창세기 2장 24절에서 "이러므로 남자가 부모를 떠나 그의 아내와 합하여 둘이 한 몸을 이룰지로다"라고 하였는데, 하나님의 창조 질서 중에 가장 대표적이면서도 가장 먼저 만들어 놓으신 것이 바로 가정입니다. 인간의 행복은 가정에서부터 시작합니다. 아무리 돈이 많고 지위가 높아도 가정이 행복하지 않으면 진정한 행복을 느낄 수 없습니다.

세 번째는 '일'(Job third)입니다. 창세기 1장 28절에서 "하나님이 그들에게 복을 주시며 하나님이 그들에게 이르시되 생육하고 번성하여 땅에 충만하라, 땅을 정복하라, 바다의 물고기와 하늘의 새와 땅에 움직이는 모든 생물을 다스리라 하시니라"고 하셨습니다. 하나님은 인간을 만드신 후에 하나님이 창조하여 선물로 주신 피조 세계를 관리하라고 말씀하셨습니다.

이처럼 하나님께서 우리에게 분명하게 가르쳐 주신 우선순위가 있습니다. 그러면 어떻게 우선순위를 적용해야 할까요? 우리가 직장을 잡을 때, 그것이 하나님과 무슨 관계가 있는지를 먼저 생각해야 합니다. 그리고 그 직장으로 인해 가정이 행복해질 수 있는지를 생각해 보아야 합니다. 그 직장이 하나님의 의를 구하는 것이 아니라면 과감하게 포기할 수 있어야 합니다. 그리고 그 직장이 가정의 행복을 저해하는 것이라면 또한 포기할 수 있어야 합니다. 혹시 아이들의 공부를 위해 가정을 포기한 적은 없습니까? 혹시 직장을 옮기는 것으로 인해 신앙생활을 포기하는 일이 없었습니까?

생각 바꾸기

세인트 루이스의 유명한 제화 사업의 성공자인 브라운 씨를 방문한 어떤 목사가, 어떻게 이처럼 대성공을 하였는지 그 사업비결이라도 있으면 말해 달라고 하였다.

그러자 브라운 씨는 목사를 자기 사무실로 인도하고 들어가 벽에 붙여 놓은 표어를 보여 주었다. 그 표어는 다음과 같았다.

"첫째는 하나님! 둘째는 가정! 셋째는 구두!"

이것이 제화 사업의 대성공자 브라운 씨의 성공비결이었다.

▶ 내 삶에 적용하기

나는 지금 하나님께서 우리에게 분명하게 가르쳐 주신 우선순위(①하나님→②가정→③일)를 지키는 삶을 살아가고 있습니까? 만약 그렇지 않다면 우선순위를 지키는 삶을 살기 위해 내가 실천해야 할 일이 무엇인지 적어 보세요.

_____

_____

_____

우선순위 지키기 : '거절지수'

그러면 어떻게 이러한 우선순위를 올바르게 지킬 수 있을까요? 우선순위를 지키기 위해서는 "못한다!"라고 말할 수 있는 용기가 필요합니다.

히브리서 11장 24절에 "믿음으로 모세는 장성하여 바로의 공주의 아들이라 칭함 받기를 거절하고"라고 되어 있습니다. 모세는 하나님을 먼저 생각할 때 왕자의 지위를 거절할 수 있는 용기가 생겼습니다. 사실 우리가 살면서 부딪치는 가장 많은 문제 중에 하나가 거절하지 못해서 생기는 것들입니다. 이것을 '거절지수'라고 표현을 하는데 거절지수가 높아지면 높아질수록 성공적인 인생을 살게 됩니다.

현재 우리 주변에서 일어나는 많은 경제적 손실이 '보증'을 섰다 낭패 보는 일, 친구의 권유로 증권에 손을 대고 어려움을 당하는 일 등이 아닙니까?

교회 안에서 돈을 꾸는 일 또한 옳지 않습니다. 교회는 돈을 거래하는 곳이 아니기 때문입니다. 교회 공동체는 하나님을 예배하기 위한 공동체입니다. 성경의 원리는 분명합니다. 로마서 13장 8절에서 "피차 사랑의 빚 외에는 아무에게든지 아무 빚도 지지 말라 남을 사랑하는 자는 율법을 다 이루었느니라"고 말씀하였습니다.

교회는 비즈니스 하는 장소가 아닙니다. 교회는 사랑으로 도움을 주고 도움을 받는 장소이기 때문입니다. 그러나 우리 중에 사업을 하는 사람을 사랑하는 마음으로 그 업체를 이용하고 사용하는 것은 아름다운 일입니다.

하나님의 의를 드러내지 않는 일, 가정의 행복을 저해하는 일이라면 '거절할 수 있는 용기'가 필요합니다. 사명을 거절하는 것이 아니라, 불의한 일과 우선순위가 잘못된 일을 거절하는 빈도수가 높아지면 높아질수록 우리의 미래가 밝아집니다. 즉 아름다운 미래를 설계하기 위해서는 우리에게 '거절지수'가 필요합니다. 먼저 그의 나라와 그의 의를 구하기 위해서 말입니다. 가장 중요한 것을 먼저 하는 사람의 인생은 후회가 없습니다. 가장 중요한 것에 물질의 우선순위를 두고 인생을 설계하는 사람은 절대로 후회가 없습니다. "못한다!"라고 말할 수 있는 용기가 우리 자신을 자유롭게 만들어 줍니다.

"너희는 잠깐 보이다 없어지는 안개니라"라는 말씀이 일견 허무주의적인 표현으로 들릴지 모르지만, 저는 오히려 적극적인 표현으로 받아들이고 싶습니다. 안개와 같이 없어질 인생을 한시도 낭비해서는 안 된다는 것으로 말입니다. **다시 말하면 우리에게 주어진 최선의 삶을 살 수 있게 미래를 설계해야 합니다.**

🔄 생각 바꾸기

돈이라고요? 돈은 좋은 것이지요.

그러나 당신은 돈으로 좋은 침대는 살지언정 깊은 잠은 못 살 것입니다.

비싼 책은 얼마든지 사도 명석한 두뇌는 돈으로 못 살 것입니다.

음식은 마음대로 사겠으나 입맛은 못 삽니다.

아름다운 옷과 장식은 사서 걸치겠으나 참된 미는 못 사지요.

좋은 집은 사겠으나 행복한 가정은 못 삽니다.

약은 살 수 있으나 건강은 못 삽니다.

사치는 마련되겠으나 교양은 돈으로 못 삽니다.

향락은 사겠으나 행복은 못 삽니다.

돈 주고 종교는 구하고 인정은 받겠으나 돈 주고 천국의 영생은 못 사는 것입니다.

그러고 보니 주님 믿는 신앙보다 돈을 더 높이 평가하고 사는 사람은 성서의 말씀대로 틀림없이 어리석은 사람이겠군요. 그렇지 않습니까?

▶ 내 삶에 적용하기

현재 나의 생활(또는 미래를 위한 나의 계획) 중에 '거절'해야 하는 것이 무엇이며, 그것을 '거절'하기 위해 내가 취해야 할 단호한 결단은 무엇인지 적어 보세요.

'거절'해야 하는 것   나의 결단

① _____ ➡ _____

② _____ ➡ _____

③ _____ ➡ _____

'바람직한 미래 설계'를 위한 반듯한 생각 : 앞서지 않는 삶

'거절'이 유익한 것은 그것이 우리를 빚지지 않는 삶을 살 수 있게 도와준다는 데 있습니다. 가장 비참한 인생은 빚을 지는 것이 아닙니까? **죄의 빚을 지으면 사단의 노예가 되듯이 금전적인 빚을 지으면 돈의 노예가 됩니다.** 하나님께서 우리를 얼마나 값지게 주시고 사셨는데 자유를 누리지 못하고 살아갑니까? 잠언 22장 7절에 "빚진 자는 채주의 종이 되느니라"라고 되어 있습니다. 즉 빚을 지는 일에 서명을 하는 순간 자유를 잃어버리게 됩니다. 빚은 기쁨을 앗아갑니다.

빚을 지는 이유 중 하나는 필요한 것과 원하는 것을 구별하지 못하기 때문입니다. 현재 나의 삶에서 절실하게 필요한 것인지를 구별하기 시작할 때 우리는 기다릴 수 있습니다.

빚을 지는 많은 부분들은 '하나님을 앞서 가기 때문에 발생하는 경우'가 있습니다. 하나님의 선하심을 신뢰하지 못하기 때문에 우리는 스스로 문제를 해결하기 위해 빚을 지게 됩니다. 미래를 설계하는 데 하나님을 앞서가지 않아야 합니다. 미래를 설계하면서 먼저 감사하는 마음을 가져야 합니다. 그리고 하나님의 때를 기다리는 믿음을 가지고 살아가야 합니다.

'하나님의 긍정'이라는 말이 있습니다. 고린도후서 1장 20절의 말씀인데 "하나님의 약속은 얼마든지 그리스도 안에서 예가 되니 그런즉 그로 말미암아 우리가 아멘하여 하나님께 영광을 돌리게 되느니라"라는 것이 바로 그것입니다.

다시 한 번 강조합니다. **우선순위를 분명히 하십시오. 원칙이 아닌 것을 거절할 수 있는 용기를 가지고 미래를 설계하십시오. 하나님보다 앞서가기보다는 감사함으로 신뢰하는 사람이 되어 기다리십시오.** 하나님이 우리의 삶을 이미 인정하셨습니다. 우리는 '하나님의 긍정' 안에서 미래를 설계할 만한 충분한 가치가 있습니다.

▶ **내 삶에 적용하기**

현재 나의 생활 또는 미래를 위한 나의 계획 중에 하나님의 우선순위에 비추어 '거절'해야 하는 것과 그 이유를 적어 보세요.

'거절'해야 하는 것   그 이유

① _____ ➡ _____

② _____ ➡ _____
　　　　　　　　　　_____
　　　　　　　　　　_____

③ _____ ➡ _____
　　　　　　　　　　_____
　　　　　　　　　　_____

☺ 돈 유머

시골길을 차를 타고 달리던 한 남자가 개를 한 마리 치어 죽였다. 남자는 깜짝 놀라 차를 세웠고 개 옆에는 주인인 듯한 농부 한 명이 총을 들고 서 있었다.

남자가 농부에게 말했다.

"이거 정말 죄송하게 되었습니다. 비싼 개인가요?"

"글쎄요."

"충격이 크신가 보군요. 제가 얼마 안 되는 돈이지만 50만 원으로 보상이 되나요?"

"글쎄요."

"그럼 100만 원 드리겠습니다. 지금 가진 돈 전부입니다."

"괜찮은 것 같수다."

남자는 차에 가서 돈을 꺼내 와서 농부에게 주고는 돌아가면서 말했다.

"사냥 계획을 망쳐놓아서 죄송합니다."

남자가 차를 타고 문을 닫으려고 하는데 농부가 부인을 부르며 집으로 가는 소리가 들렸다.

"여보! 어떤 남자가 내가 쏘려고 하던 미친개를 죽이고 100만 원을 주고 갔어!"

정리하기

■ 교정된 시각

신앙이 없는 사람은 순리를 따라 삽니다. 순리의 법칙을 벗어나지 못합니다. 그러나 신앙인은 순리를 만드시는 '(　　　)의 (　　　)'을 따라 삽니다.

신앙인의 미래 설계(2)　117

순리를 역행하는 삶이 아니라 새로운 순리를 만들어 가는 것이야말로 가장 중요한 신앙인의 '(   ) 설계'가 될 것입니다.

■ 하나님의 법칙

사람들의 특징은 '급하지만 (   )하지 않은 일들'에 자신의 시간의 대부분을 투자한다고 합니다.

■ 하나님의 우선순위

성경에서 말하는 우선순위가 있습니다.
첫 번째는 '(   )' (God first)입니다.
두 번째는 '(   )' (Family second)입니다.
세 번째는 '(   )' (Job third)입니다.

■ 우선순위의 지키기

우선순위를 지키기 위해서는 "(   )"라고 말할 수 있는 용기가 필요합니다.
우리가 살면서 부딪치는 가장 많은 문제 중에 하나가 (   )하지 못해서 생기는 것들입니다. 이것을 '(   )'라고 표현을 하는데 (   )가 높아지면 높아질수록 성공적인 인생을 살게 됩니다.
사명을 거절하는 것이 아니라, (   )한 일과 (   )가 잘못된 일을 거절하는 빈도수가 높아지면 높아질수록 우리의 미래가 밝아집니다.

■ '바람직한 미래 설계'를 위한 반듯한 생각

죄의 빚을 지으면 사단의 노예가 되듯이 금전적인 (   )을 지으면 돈의 노예가 됩니다.
빚을 지는 이유 중 하나는 (   ) 것과 (   ) 것을 구별하지 못하기 때문입니다.
빚을 지는 많은 부분들은 '하나님을 (   ) 가기 때문에 발생하는 경우'가 있습니다. 하나님의 선하심을 (   )하지 못하기 때문에 우리는 스스로 문제를 해결하기 위해 빚을 지게 됩니다. 미래를 설계하는 데 하나님을 앞서가지 않아야 합니다. 그리고 하나님의 때를 기다리는 믿음을 가지고 살아가야 합니다.

크리스천의 경제생활

11 신앙인에게 주시는 하나님의 복(1)
의로운 복을 구하라!

생각 열기

나 자신의 돈에 대한 숨겨진 생각을 알아보기 위한 것입니다. 아래의 물음에 솔직하게 답변해 보세요.

> **마태복음 7장 7~8절**
> 7 구하라 그리하면 너희에게 주실 것이요 찾으라 그리하면 찾아낼 것이요 문을 두드리라 그리하면 너희에게 열릴 것이니 8 구하는 이마다 받을 것이요 찾는 이는 찾아낼 것이요 두드리는 이에게는 열릴 것이니라

위의 성경말씀에 의지해서 지금 구하고 있는 복들이 있으면, 중요한 순서대로 세 가지만 써 보세요.

① _____

② _____

③ _____

목표 알기

1. 하나님의 복을 소유하기 위한 조건 두 가지를 말하고 각각에 대해 설명할 수 있다.
2. 마태복음 7장 7~11절의 말씀을 읽고 복에 대한 하나님의 약속이 무엇인지를 다른 성도에게 설명할 수 있다.
3. 야고보서 4장 2~3절의 말씀을 읽고 구해도 받지 못하는 이유를 내가 경험한 나 자신의 예를 들어 설명할 수 있다.
4. 복을 구함에 있어 우리가 반드시 지켜야 하는 것이 무엇인지를 다른 성도들에게 말하고 이해시킬 수 있다.

오늘의 말씀

역대상 4장 9~10절

9 야베스는 그 형제보다 존귀한 자라 그 어미가 이름하여 야베스라 하였으니 이는 내가 수고로이 낳았다 함이었더라 10 야베스가 이스라엘 하나님께 아뢰어 가로되 원컨대 주께서 내게 복에 복을 더하사 나의 지경을 넓히시고 주의 손으로 나를 도우사 나로 환난을 벗어나 근심이 없게 하옵소서 하였더니 하나님이 그 구하는 것을 허락하셨더라

배워보기

교정된 시각 : 하나님의 복을 소유하기 위한 방법

돈에 대한 욕심을 이겨야 합니다.

돈에 대한 욕심이 가져다주는 심각한 문제는 돈에 대한 욕심이 생기면 '분별력'을 잃게 된다는 것입니다.

아주 재미있는 사실은 장기와 바둑을 둘 때, 훈수 두는 사람이 수를 잘 읽는다는 것입니다. 그 이유가 있다면 그 사람은 이기고 지는 것에 관심이 없기에 정확한 수를, 그리고 선수를 읽게 되기 때문입니다. 이와 같이 돈에 대한 욕심은 "욕심에 눈이 먼다"라는 말로 대변되며 우

리를 정확한 인생의 수를 읽지 못하게 하여 실패하는 악수를 두게 합니다.

마태복음 5장 8절에서 "마음이 청결한 자는 복이 있나니 그들이 하나님을 볼 것임이요"라고 하였습니다. 돈에 눈이 어두운 사람은 하나님을 보는 눈이 가려집니다. 다른 말로 표현하면, 돈에 대한 욕심이 없는 자는 하나님의 뜻을 발견할 것이고, 하나님의 뜻을 발견한 사람이라야 인도하심을 따라 복된 삶을 살게 된다는 것입니다.

돈에 대한 욕심은 하나님께 대한 믿음을 앗아갑니다. 단순한 분별력에 대한 문제가 아니라, 돈을 믿으므로 하나님을 저버리는 사람은 영혼을 잃게 되기에 아주 심각한 문제에 직면하게 되는 것입니다.

자세는 낮추되 실력은 높이는 사람이 되라!

하나님의 진정한 복을 받는 지름길이 있습니다. 마태복음 10장 42절에 보면 "또 누구든지 제자의 이름으로 이 작은 자 중 하나에게 냉수 한 그릇이라도 주는 자는 내가 진실로 너희에게 이르노니 그 사람이 결단코 상을 잃지 아니하리라 하시니라"고 하시고, 또한 마태복음 12장 20절에서는 "상한 갈대를 꺾지 아니하며 꺼져가는 심지를 끄지 아니하기를 심판하여 이길 때까지 하리니"라고 말씀하고 계십니다.

사람을 귀히 여기고 사랑하는 것, 특별히 연약한 사람을 돕는 것, 이러한 것들이 하나님의 복을 받는 길입니다. 우리 주님의 마음은 상한 갈대도 꺼져 가는 심지도 끄지 않으시고 보살피시는 분이기 때문입니다. 그래서 성경은 참된 경건이란 가난한 자와 약한 자를 돕고 섬기는 것이라고 말씀합니다.

그러나 여기에서 우리가 오해하지 말아야 할 것이 있습니다. 우리 주님은 연약한 자를 사랑하십니다. 병든 자를 고치시기를 원하십니다. 가난한 자를 불쌍히 여기십니다. 그러나 우리가 그런 사람이 되는 것을 원하지는 않으십니다.

물질에 대한 말씀을 묵상하고 공부하면서 확신을 가지게 된 것이 있는데 그것은 우리가 **돕는 자들이 되기를 원하시지, 도움을 받는 자가 되라고 말씀하시지 않는다는 것**입니다. 우리의 부를 나누어주는 사람이 되라고 말씀하시지, 가난한 사람이 되라고 하시지 않는다는 것입니다.

우리가 약하고 가난한 사람들에게 관심을 갖는 것, 이것은 우리의 자세를 낮추는 것입니다. 그러나 우리가 실력이 없어서 낮은 사람이 되라고는 말씀하지 않습니다.

강준민 목사님의 '목회서신'이란 수필에 감동적인 구절이 있습니다. "무릎을 꿇으면 아름다움이 보입니다." 우리가 볼 수 없었던 아름다움, 길가에 핀 들꽃에 맺힌 아름다운 이슬방울들은 무릎을 꿇지 않으면 보이지 않습니다. 우리가 자세를 낮추면 그동안 보지 못했던 많은 것들을 보게 되고, 겸손을 배우게 됩니다.

이런 아름다움을 보기 위해서는 **자세를 낮추는 사람이 되어야 합니다. 그렇다고 실력이 없는 사람이 되라는 말은 아닙니다.** 우리의 실력 없음을 정당화하거나 염세주의적인 삶의 태도에 길들여지지 않게 하라는 것입니다.

▶ 내 삶에 적용하기

하나님의 복을 소유하기 위한 조건 두 가지에 대한 현재 나의 상태를 솔직하게 ✓ 표시해 보고, 두 가지 조건에 부합된 크리스천이 되기 위한 나의 다짐을 써 봅시다.

복의 조건	나의 상태
① 돈에 대한 욕심을 이김 :	절대 아니다☐ 아니다☐ 그렇다☐ 매우 그렇다☐
② 겸손하며 실력있는 사람 :	절대 아니다☐ 아니다☐ 그렇다☐ 매우 그렇다☐

나의 다짐

_____

_____

복을 구하십시오!

역대상 4장 9~10절에 나오는 야베스의 기도에 주목하십시오. "야베스는 그 형제보다 존귀한 자라 그 어미가 이름하여 야베스라 하였으니 이는 내가 수고로이 낳았다 함이었더라 야베스가 **이스라엘 하나님께 아뢰어 가로되 원컨대 주께서 내게 복에 복을 더하사 나의 지경을 넓히시고 주의 손으로 나를 도우사 나로 환난을 벗어나 근심이 없게 하옵소서** 하였더니 하나님이 그 구하는 것을 허락하셨더라." 야베스는 하나님께 구하기를 "이스라엘 하나님께 아뢰어 가로되 원컨대 주께서 내게 복에 복을 더하소서"라고 기도하였습니다.

브루스 윌킨스의 책 「야베스의 기도」에 보면 다음과 같은 예화가 있습니다. 존이라는 사람이 천국에 가서 경험한 짤막한 이야기입니다.

베드로가 그를 안내하기 위해 문에서 기다리고 있었다. 베드로가 보여 주는 황금 길과 아름다운 저택, 그리고 천사들이 부르는 노랫소리의 황홀함 속에서 이상하게 생긴 건물 하나가 눈에 띄었다. 커다란 창고 같았다. 창문은 하나도 없었고 문 하나가 달려 있었다. 안을 보고 싶다고 하자 베드로는 좀 꺼려하면서 "안 보는 게 더 나을 거예요"라고 말했다.
'천국에 무슨 비밀이 있어야 한단 말인가? 저 안에 도대체 얼마나 놀라운 것이 들어 있는 것일까?' 라고 존은 생각했다. 공식적인 안내가 끝난 후에도 그는 계속 궁금했다. 그래서 그 건물 안을 좀 보여 달라고 다시 부탁했다.
결국 베드로는 마음이 약해졌다. 사도가 문을 열자 존은 급히 들어가려다 거의 자빠질 뻔했다. 그 거대한 건물에는 바닥에서 천장까지 선반들이 빼곡하게 들어차 있었다. 그리고 각 선반에는 빨간 리본이 묶여진 하얀 상자들이 깔끔하게 정돈되어 있었다. 감개무량하여 존은 "전부 이름이 쓰여 있네요."라고 크게 소리쳤다. 그리고 베드로를 바라보며 "제 것도 있습니까?"라고 물었다. 베드로는 "그렇다"라고 대답하며 그를 다시 밖으로 데리고 나가면서 "솔직히 내가 당신이라면…"이라고 말하는 동안 존은 이미 자신의 상자를 보고 싶어 'J' 자 표시가 된 선반으로 달려가고 있었다. 베드로는 머리를 흔들며 뒤따라갔다. 베드로가 그에게 다가갔을 때, 존은 벌써 자기 이름이 써진 상자의 리본을 풀고 막 열고 있었다.
안을 들여다보자마자 존은 곧바로 알아보았다. 그리고는 베드로가 수차례 들어왔던 것과 똑같은 그런 깊은 한숨을 내쉬었다. 존이 열어본 상자 안에는 그가 세상에 살아 있을 동안 하나님께서 그에게 주기 원하셨던 많은 복들이 들어 있었다. 그러나 존은 전혀 구하지 않았다.

묵상하기

마태복음 7장 7~11절
7 구하라 그리하면 너희에게 주실 것이요 찾으라 그리하면 찾아낼 것이요 문을 두드리라 그리하면 너희에게 열릴 것이니 8 구하는 이마다 받을 것이요 찾는 이는 찾아낼 것이요 두드리는 이에게는 열릴 것이니라 9 너희 중에 누가 아들이 떡을 달라 하는데 돌을 주며

> 10 생선을 달라 하는데 뱀을 줄 사람이 있겠느냐 11 너희가 악한 자라도 좋은 것으로 자식에게 줄 줄 알거든 하물며 하늘에 계신 너희 아버지께서 구하는 자에게 좋은 것으로 주시지 않겠느냐

하나님께 복을 구하는 것은 전혀 잘못된 것이 아닙니다. 마태복음 7장 7~11절에서 하나님은 우리가 구하는 복을 구하는 대로 주시겠다고 말씀하셨습니다.

☺ 돈 유머

어떤 남자가 길을 가다 요술램프를 주웠다.
남자는 책에서 본 대로 램프를 문질렀다.
그러자 램프의 요정이 나와 "소원 한 가지만 들어드리겠습니다" 하고 말했다.
남자는 고민에 빠졌다. 돈과 여자와 결혼을 모두 갖고 싶었기 때문이다.
하는 수 없이 모두 불러서 나오는 걸 갖기로 했다.
"돈, 여자, 결혼!"
그러자 그 남자는 '돈 여자'와 결혼했다

그러나 의로운 복을 구하십시오!

크리스천의 구함은 마태복음 6장 33절에 있는 "그런즉 너희는 먼저 그의 나라와 그의 의를 구하라 그리하면 이 모든 것을 너희에게 더하시리라"라는 말씀의 연속선상에 있습니다. 그러므로 마태복음 6장을 전제하지 않고 마태복음 7장으로 넘어가면 아주 잘못된 신앙에 빠지기 쉽습니다. **우리가 먼저 하나님의 의를 구한다면 그 사람이 구하는 모든 것을 하나님은 충분히 들어주실 수 있습니다.**

야고보서 기자는 야고보서 4장 2~3절에서 "너희는 욕심을 내어도 얻지 못하여 살인하며 시기하여도 능히 취하지 못하므로 다투고 싸우는도다 너희가 얻지 못함은 구하지 아니하기 때문이요 구하여도 받지 못함은 정욕으로 쓰려고 잘못 구하기 때문이라"고 분명하게 이야기하고 있습니다.

하나님의 의를 먼저 구하는 사람이 구하는 것이라면 그것이 얼마나 아름다운 것이겠습니까? 하나님의 의를 먼저 생각하는 사람이 어떻게 자신의 정욕을 위해 하나님께 구하겠습니까? 아주 간단한 문제입니다. **하나님의 의를 구하는 사람이 되면 '무엇을 구하든지' 하나님은 다 들어주십니다.** 하나님의 의를 생각하는 사람이 다른 사람에게 피해를 주며 하나님의 영광을 가리면서까지 잘못된 것을 구하겠습니까?

어떤 사모님이 쓴 간증집을 보면, 이 사모님은 명문대학을 나와서 미국에 유학을 가려고 준비하며 기도를 했는데 실력이 모자랐답니다. 그래서 열심히 기도를 하고 시험장에 갔더니 아주 공부를 잘하는 학생이 바로 앞에 앉았는데 얼마나 감사한 생각이 드는지, 역시 기도에 응답해 주셨구나! 라고 생각을 하면서 컨닝을 했고, 좋은 성적으로 장학금을 받아 미국에 공부하러 왔다는 것입니다.

저는 그것이 자신의 정욕을 위한 간구일 수는 있어도 하나님의 의를 위한 기도는 아니라고 생각합니다. 하나님의 의를 위해 기도하는 사람이라면 이렇게 기도했을 것입니다. "하나님, 제가 어떤 급작스러운 환경에 처해도 정도를 벗어나는, 하나님의 영광을 가리는 일에 넘어가지 않게 힘을 주세요!"

🔄 생각 바꾸기

조그만 마을에 사는 어떤 빵 제조업자가 이웃 농장 주인에게서 버터를 사오곤 하였다.

어느 날 그는 버터의 무게가 처음과는 다르다는 생각이 들어 며칠 분의 버터를 모아 저울에 올려 놔 보았다. 아니나 다를까, 농부가 배달하는 버터는 점점 그 무게가 줄어드는 것이었다. 이에 화가 난 빵 제조업자는 이 농부를 고발하고 말았다.

법정에서 판사가 "저울이 집에 있겠죠?" 하고 묻자 "없습니다"라고 농부가 대답했다.

"그럼 어떻게 무게를 알고 버터를 파십니까?"

"그건 간단합니다. 저 빵집 주인이 내게서 버터를 사가기 시작한 날로부터 나는 그 빵을 사다 먹었읍죠. 그리고 저는 저 사람이 가져 오는 1파운드짜리 빵을 가지고 저울삼아 버터를 팔았습니다. 버터의 무게가 다르다면 그건 어디까지나 빵의 무게를 다르게 한 저 사람 탓일 겁니다."

▶ 내 삶에 적용하기

'생각 열기'에서와 같이 현재 내가 구하고 있는 복을 중요한 순서대로 세 가지를 써 보고, 그것이 하나님의 의를 위해 구하는 것인지 또는 그렇지 않은 것인지 ✓ 표시해 봅시다.

구하고 있는 복	하나님의 의를 위한 것인지의 여부
① _____	➡ 그렇다 ☐ 아니다 ☐
② _____	➡ 그렇다 ☐ 아니다 ☐
③ _____	➡ 그렇다 ☐ 아니다 ☐

'하나님의 복'에 대한 반듯한 생각

깨끗한 돈을 위하여 구하십시오!
의로운 복을 구하십시오!
여호수아 14장 12절에서 갈렙이 여호수아를 향하여 했던 말이 있습니다. "이 산지를 나에게 주옵소서!" 그 땅은 그날에 주께서 나에게 약속하신 것입니다.

묵상하기

여호수아 14장 12절
12 그 날에 여호와께서 말씀하신 이 산지를 지금 내게 주소서 당신도 그 날에 들으셨거니와 그 곳에는 아낙 사람이 있고 그 성읍들은 크고 견고할지라도 여호와께서 나와 함께 하시면 내가 여호와께서 말씀하신 대로 그들을 쫓아내리이다 하니

우리는 하나님께 담대하게 구해야 합니다. 이것은 믿음의 언어로 복을 구하는 것입니다. "지금 제가 구하는 복은 하나님의 뜻을 이루어 가는 것입니다. 제가 지금 구하는 복은 하나님의 영광을 위한 것입니다"라고 담대하게 말할 수 있어야 합니다.

정리하기

■ **돈에 대한 욕심을 이겨야 합니다.**

돈에 대한 욕심이 가져다주는 심각한 문제는 돈에 대한 욕심이 생기면 '(　　　)'을 잃게 된다는 것입니다.

돈에 대한 욕심은 하나님께 대한 (　　　)을 앗아갑니다.

단순한 분별력에 대한 문제가 아니라, 돈을 믿으므로 하나님을 저버리는 사람은 (　　　)을 잃게 되기에 아주 심각한 문제에 직면하게 되는 것입니다.

■ **자세는 낮추되 실력은 높이는 사람이 되라!**

사람을 귀히 여기고 사랑하는 것, 특별히 연약한 사람을 돕는 것, 이러한 것들이 하나님의 (　　　)을 받는 길입니다. 우리 주님의 마음은 상한 갈대도 꺼져 가는 심지도 끄지 않으시고 보살피시는 분이기 때문입니다.

자세를 낮추는 사람들이 되십시오!

그러나 (　　　)이 없는 사람이 되지는 마십시오!

■ **복을 구하십시오!**

하나님께 (　　　)을 구하는 것은 전혀 잘못된 것이 아닙니다.

마태복음 7장 7~11절에서 하나님은 우리가 구하는 (　　　)을 구하는 대로 주시겠다고 말씀하셨습니다.

■ **그러나 의로운 복을 구하십시오!**

하나님의 (　　　)를 구하는 사람이 되면 '무엇을 구하든지' 하나님은 다 들어주십니다.

하나님의 (　　　)를 생각하는 사람이 다른 사람에게 피해를 주며 하나님의 영광을 가리면서까지 잘못된 것을 구하겠습니까?

- **'하나님의 복'에 대한 반듯한 생각**

깨끗한 (　　　)을 위하여 구하십시오!

의로운 (　　　)을 구하십시오!

크리스천의 경제생활

12 신앙인에게 주시는 하나님의 복(2)
믿음으로 구하라!

생각 열기

나 자신의 숨겨진 생각을 알아보기 위한 것입니다. 자신에게 해당되는 내용에 솔직하게 ✓ 표시해 보세요.

1. 하나님은 언제나 공평하시다.
   그렇다 ☐   조금 그렇다 ☐   별로 그렇지 않다 ☐   그렇지 않다 ☐

2. 나는 어려움을 통해 하나님을 신뢰하는 방법을 배운다.
   그렇다 ☐   조금 그렇다 ☐   별로 그렇지 않다 ☐   그렇지 않다 ☐

3. 나는 당장 기도 응답이 없어도 포기하지 않고 기다리며 기도한다.
   그렇다 ☐   조금 그렇다 ☐   별로 그렇지 않다 ☐   그렇지 않다 ☐

4. "하나님, 나의 삶의 지경을 넓혀 주세요"라는 기도를 자주 드린다.
   그렇다 ☐   조금 그렇다 ☐   별로 그렇지 않다 ☐   그렇지 않다 ☐

목표 알기

1. 하나님은 언제나 공평하심을 입으로 시인하며 고백할 수 있다.
2. 역대상 4장 9~10절의 말씀을 읽고 어려움 중에 복을 구하는 유익이 무엇인지를 다른 성도에게 설명할 수 있다.
3. "서두르면 이스마엘, 기다리면 이삭"이 의미하는 뜻이 무엇인지, 창세기 16장과 17장 말씀을 인용해 설명할 수 있다.
4. "물질의 많은 것보다는 하나님이 허락하시는 세상을 사는 것이 복"임을 감사하는 기도문을 작성할 수 있다.

오늘의 말씀

역대상 4장 9~10절

9 야베스는 그 형제보다 존귀한 자라 그 어미가 이름하여 야베스라 하였으니 이는 내가 수고로이 낳았다 함이었더라 10 야베스가 이스라엘 하나님께 아뢰어 가로되 원컨대 주께서 내게 복에 복을 더하사 나의 지경을 넓히시고 주의 손으로 나를 도우사 나로 환난을 벗어나 근심이 없게 하옵소서 하였더니 하나님이 그 구하는 것을 허락하셨더라

배워보기

교정된 시각 : 하나님의 복을 소유하기 위한 방법

공평하신 하나님을 고백하십시오!

우리는 흔히 세상이 아주 불공평하다고 생각합니다. 그 이유는 태어날 때의 환경에 따라 삶의 질이 달라진다고 생각하기 때문입니다. 특히 금전적인 문제에 있어서 이 불공평이 심하다고 생각합니다.

그런데 이러한 생각을 깨버린 사람이 있습니다. 바로 '나'라는 찬양을 작사한 송명희 시인입니다. 이분은 태어날 때부터 장애를 갖고 있었지만, 전혀 장애인이라고 생각하지 못할 정도

로 주옥과 같은 많은 글들을 써냈습니다. 그분은 간증할 때조차 어머니가 통역을 해주지 않으면 알아듣지 못할 소리를 하는 사람입니다. 그런데 "하나님은 공평하시다"고 고백했습니다.

남서울 은혜교회의 홍정길 목사님은 이런 말을 했답니다. "송명희 씨가 하나님이 공평하다고 하면 하나님은 공평하신 것입니다." 송명희 시인은 정말 어려운 인생을 살아온 사람입니다. 누구와 비교해도 장애 때문에 인생의 걸림돌을 많이 경험했던 사람입니다. 그러나 장애와 가난에도 불구하고 좀 더 중요한 인생의 의미를 발견한 사람이고, 하나님은 공평하신 분이라고 고백할 수 있는 사람입니다. **많은 사람들이 하나님은 불공평하신 분이라고 생각합니다. 그러나 하나님의 복은 하나님의 공평을 인정하고 받아들이는 자에게 임합니다.**

채효기 목사님의 설교 중에 잊지 못할 이야기가 있습니다. 어느 교회의 찬양 팀이 신병교육대에 왔을 때의 이야기입니다. 그 교회의 찬양 팀 멤버 중에는 뇌성마비 청년이 있었답니다. 억지로 끌려와 멍한 눈으로 인생의 의미를 가지지 못하고 군 생활을 하고 있는 청년들에게 땀을 뻘뻘 흘리며 찬양을 한 그 뇌성마비 청년이 마이크를 잡고 한 마디를 했답니다. "여러분, 힘드시죠? 그러나 잘 참으세요. 나는 여러분처럼 군대 가고 싶어요. 그런데 갈 수가 없어요."라고 말입니다. 자기들이 왜 군대에 와서 고생을 해야 하는지, 인생이 참으로 불공평하다고 생각하는 청년들에게 가고 싶어도 가지 못하는 사람이 있다는 사실이 얼마나 가슴에 와 닿았을까요? 그 순간 신병교육대 위문장이 숙연해지더랍니다.

공평과 불공평의 기준은 물질의 많고 적음도, 육신의 강함과 약함도 아닙니다. 부자도 얼마든지 인생에서 실패할 수 있고 가난한 자도 얼마든지 인생에서 물질적인 성공을 거둘 수 있습니다. 이것은 **하나님의 공평과 불공평에 대한 문제가 아니라, 내가 인생을 어떻게 바라보느냐의 문제입니다.**

▶ 내 삶에 적용하기

내 삶의 경험 중에서 공평하신 하나님이라는 생각이 들게 만든 사건이 있었다면 간단하게 써 봅시다. 더불어 그 생각이 지금도 유효한지에 대해 생각해 보고, 왜 그런지 또는 왜 그렇지 않은지를 간단하게 적어 봅시다.

믿음의 논리(論理)로 바라보자

믿음의 논리

야베스는 역대상 4장 10절에서 "주의 손으로 나를 도우사 나로 환난을 벗어나 근심이 없게 하옵소서."라고 기도합니다. 우리는 야베스의 기도를 통해서 믿음은 어려움 가운데서 나온다는 것을 알 수 있습니다.

역대상 4장 9절에 나온 '야베스'라는 말의 뜻은 '내가 수고로이 낳았다' 라는 말입니다. 히브리 문화 중 하나는 그 이름을 보면 그 사람이 어떤 사람인지를 알 수 있다는 것입니다. 야곱은 '발 뒤꿈치를 잡고 나왔다'는 뜻을 가진 이름입니다. 이삭은 '웃음' 그리고 아브라함은 '열국의 아버지' 라는 뜻을 가지고 있습니다.

아이를 낳을 때 수고하지 않는 분이 있습니까? 수고하지 않고 아이를 낳는 부모가 누가 있겠습니까? 그런데 야베스의 이름의 뜻은 내가 수고로이 낳았다는 것입니다. 성경에 자세하게 나와 있지는 않지만 야베스가 태어날 때 상당히 어려운 환경이었던 것을 추측할 수 있습니다. 얼마나 어려웠으면 그렇게 수고로이 낳았다고 특별히 이름을 붙였을까요?

또한 야베스의 기도가 이례적인 것은 역대상 4장은 처음부터 끝까지 족보를 열거하고 있기에 사람 이름 말고는 다른 설명이 없는 장이라는 것입니다. 유일하게 야베스에 이르러서만 그의 기도가 등장하고 있습니다.

추측컨대 어려운 환경 가운데서 기도한 야베스의 기도를 하나님이 아름답게 받으셨을 뿐 아니라, 그의 간구가 후대에 귀감이 될 만한 것이었음을 알 수 있습니다.

야베스의 기도 중에 중요한 것은 "주의 손으로 나를 도우사"라는 말입니다. 야베스는 자신의 어려움을 스스로 헤쳐 나가려고 했던 사람이 아닙니다. 그는 하나님의 도우심이 절실히 필요했고, 그 도우심을 구했습니다.

"I can do all things(나는 모든 것을 할 수 있다)"라는 말과 "I can do all things in Jesus Christ(나는 예수 안에서 모든 것을 할 수 있다)"라는 두 가지 말은 반드시 구별되어야 합니다.

첫 번째 것은 긍정적인 사고방식입니다. 여기에 속하는 사람은 부정적인 생각을 가지고 있는 사람들보다 훌륭합니다. 그러나 자신의 능력 이상을 발휘하지는 못하는 사람입니다. 그런데 후자에 속하는 사람은 긍정적인 사고방식을 가지고 있을 뿐 아니라, 그 일이 예수 그리스도를 통하여 이루어짐을 확신하는 사람입니다. 이것이 믿음의 논리입니다.

▶ 내 삶에 적용하기

"I can do all things(나는 모든 것을 할 수 있다)"와 "I can do all things in Jesus Christ(나는 예수 안에서 모든 것을 할 수 있다)"라는 상반된 삶의 태도 중 나는 어느 쪽에 가까운지를 아래의 화살표에 'O'로 솔직하게 표시해 보고, 나의 삶의 태도에 대한 하나님의 생각은 어떨지 추측하여 써 봅시다.

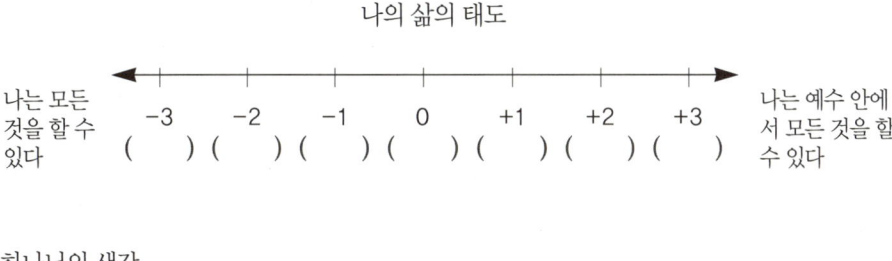

하나님의 생각

_____

_____

"서두르면 이스마엘, 기다리면 이삭"

역대상 4장 10절에 나오는 "주의 손으로 나를 도우사"를 영어 표현으로 보면 이렇게 되어 있습니다. "Let your hand be with me." 하나님의 손길이 나에게 닿고 있다는 믿음이 귀하지 않습니까? 하나님의 손길이 나에게 닿고 있다는 믿음을 가지고 있는 사람은 절대로 서두르지 않습니다. 그러나 우리가 서두르고 있다면 그것은 우리 안에 믿음이 없기 때문입니다. "TRUST(믿음) = WAIT(기다림)" 이것은 미래를 설계하는 데 반드시 필요한 공식입니다.

"서두르면 이스마엘, 기다리면 이삭" 이것은 고 김우영 목사님께서 자주 쓰시던 말입니다. 창세기 16장에 보면 아브라함이 아내 사라의 몸종 하갈을 통해 아들을 얻게 되는 장면이 나옵니다. 이때는 아브라함이 가나안에 거한 지 이미 10년이 지났을 때입니다(창 16:3). 아브라함은 가나안 땅에 들어올 때 아들을 주시겠다는 약속을 받았습니다. 아니, 단순한 아들이 아니라 그의 자손이 바다의 모래처럼 하늘의 별처럼 많아지리라는 약속을 말입니다. 그런데 어느 순간에서부터인지 이 약속에 대한 회의가 들기 시작하였습니다.

> **묵상하기**
>
> **창세기 16장 1~3절**
> 1 아브람의 아내 사래는 출산하지 못하였고 그에게 한 여종이 있으니 애굽 사람이요 이름은 하갈이라 2 사래가 아브람에게 이르되 여호와께서 내 출산을 허락하지 아니하셨으니 원하건대 내 여종에게 들어가라 내가 혹 그로 말미암아 자녀를 얻을까 하노라 하매 아브람이 사래의 말을 들으니라 3 아브람의 아내 사래가 그 여종 애굽 사람 하갈을 데려다가 그 남편 아브람에게 첩으로 준 때는 아브람이 가나안 땅에 거주한 지 십 년 후였더라
>
> **창세기 16장 15~16절**
> 15 하갈이 아브람의 아들을 낳으매 아브람이 하갈이 낳은 그 아들을 이름하여 이스마엘이라 하였더라 16 하갈이 아브람에게 이스마엘을 낳았을 때에 아브람이 팔십육 세였더라
>
> **창세기 17장 15~19절**
> 15 하나님이 또 아브라함에게 이르시되 네 아내 사래는 이름을 사래라 하지 말고 사라라 하라 16 내가 그에게 복을 주어 그가 네게 아들을 낳아 주게 하며 내가 그에게 복을 주어 그를 여러 민족의 어머니가 되게 하리니 민족의 여러 왕이 그에게서 나리라 17 아브라함이 엎드려 웃으며 마음속으로 이르되 백 세 된 사람이 어찌 자식을 낳을까 사라는 구십 세니 어찌 출산하리요 하고 18 아브라함이 이에 하나님께 아뢰되 이스마엘이나 하나님 앞에 살기를 원하나이다 19 하나님이 이르시되 아니라 네 아내 사라가 네게 아들을 낳으리니 너는 그 이름을 이삭이라 하라 내가 그와 내 언약을 세우리니 그의 후손에게 영원한 언약이 되리라

한참 어려움을 당하던 때, 가나안에서 정착을 하던 때는 하나님의 손길을 느끼며 살았는데, 어느 정도 생활이 안정되기 시작하니까 아브라함의 신앙이 뜨뜻미지근해진 것입니다. 아브라함은 자신의 믿음이 흔들리기 시작하면서 **하나님의 섭리를 기다리지 못하고 자신이 무엇인가를 만들려고 서두르기 시작하였습니다.**

마찬가지입니다. 우리가 하나님을 의지하지 않고 내가 무엇인가를 하려고 하는 그 순간에 신앙의 실패가 시작됩니다.

"못 생긴 나무가 산을 지킨다."라는 말이 있습니다. 잘난 나무들은 모두 누군가가 베어감

니다. 어딘가 쓰려고 말입니다. 그런데 산을 산 되게 하는 것은 아무도 베어가지 않고 우직하게 뿌리를 내리고 있는 나무들 때문입니다.

오늘날 교회를 지키고 있는 사람들은 얼마나 못 생기고 우직한 나무들입니까? 그러나 바로 이러한 못 생기고 우직한 나무들 때문에 교회가 세워지고 있습니다.

미련한 듯 우직하게 기다리는 사람들, 하나님은 그런 사람들을 사랑하십니다. 그리고 그런 그릇들을 사용하기를 원하십니다.

생각 바꾸기

제가 좋아하는 말씀 가운데 하나를 소개해 드리려고 합니다. 고린도전서 1장 27절의 말씀으로 "그러나 하나님께서 세상의 미련한 것들을 택하사 지혜 있는 자들을 부끄럽게 하려 하시고 세상의 약한 것들을 택하사 강한 것들을 부끄럽게 하려 하시며"입니다. 제가 미련한 사람이라서 그런지 모르지만 저는 이 말씀이 그렇게 좋습니다.

저는 기도하는 것이 있습니다. 하나님, 저는 미련하게 살고 싶습니다. 눈치도 없는 사람으로 살고 싶습니다. 그냥 믿고 사는 사람이 되고 싶습니다. 하나님도 우직하게 믿었으면 좋겠습니다. 나에게 주신 약속의 말씀들을 환경이 변한다고 의심하거나, 늦어진다고 조급해 하는 사람이 아니었으면 좋겠습니다. 사람들을 의심하지 않았으면 좋겠습니다. 그 사람이 나를 배신해도 끝까지 사랑하는 사람이 되었으면 좋겠습니다. 왜냐하면 그 사람도 하나님이 사랑하시기 때문입니다. 사람에게 배신을 받아도, 하나님의 손길이 닿으면 실패로 끝나지 않을 것을 확신하기 때문입니다. - 김병삼 목사

창세기 50장 20절에서 요셉은 다음과 같이 고백합니다. "당신들은 나를 해하려 하였으나 하나님은 그것을 선으로 바꾸사 오늘과 같이 많은 백성의 생명을 구원하게 하시려 하셨나니." 요셉이 이렇게 고백할 수 있었던 것은 요셉의 형들이 요셉을 미워하고 시기하여 죽이려고 하다가 애굽에 팔아버렸지만, 하나님은 오히려 그 일로 인하여 요셉이 애굽의 총리가 되게 하셨고, 더 나아가서는 그의 친척과 족속들을 살리는 구원자가 되게 하셨기 때문입니다.

우리가 전기 스위치를 켜면 바로 전깃불이 들어오는 것처럼 하나님의 응답이 바로 온다면

믿지 않을 사람이 누가 있겠습니까? 그러나 하나님의 응답은 우리가 원하는 때에 오지 않습니다. 하나님은 하나님이 원하시는 때에 당신의 뜻을 이루십니다. 그러므로 믿음의 사람이 되기 위해서는 끝까지 하나님을 신뢰하고 믿으며 흔들리지 않아야 합니다. 그리고 하나님은 끝까지 믿고 신실하게 기다리는 이러한 사람들을 통해 역사하십니다.

환자들이 건강의 회복을 위해 기도하다가 포기하는 경우들을 봅니다. 혹은 물질의 어려움을 놓고 기도하다가 포기하는 사람들도 보게 됩니다. 그리고 그들은 이렇게 말합니다. "하나님은 살아 계시지만 내 기도는 듣지 않으시는 것 같아요"라고 말입니다. 그런데 하나님은 우리가 끝까지 기도하기를 원하십니다. 포기하지 않기를 원하십니다.

우리가 물질의 시험으로 인해 **어려움을 당할 때 끝까지 하나님을 의지하고 살아가면 물질이 없을 때에도 소망을 잃지 않고 살 것이며, 소망이 있는 사람은 물질의 유혹 때문에 죄를 짓는 삶을 살지 않을 것입니다.** 그리고 하나님이 물질의 복을 허락하신다면 감사함으로 사용하는 사람이 되지 않겠습니까?

야베스의 기도는 하나님의 손길이 닿으면 모든 환난을 면케 될 것을 믿기에 복을 간구하고 있습니다. 어려움 속에서 말입니다.

아브라함은 가나안 땅에서 많은 어려움을 당해야 했지만 **오히려 이 어려움을 겪으면서 하나님을 신뢰하는 방법을 배우게 되었습니다.** 서두르다 실패한 모습을 통해서 끝까지 믿고 기다려야 함을 배우게 되었고, 이삭을 바치라고 하셨을 때처럼 **정말 어려운 것을 포기하면 하나님의 예비하심이 있다는 것도 배우게 되었습니다.**

> 😊 **돈 유머**
>
> 돈을 빌려 준 사람이 돈을 빌려 간 사람에게 가서 빨리 돈을 갚아달라고 독촉했다.
> "당신이 빌려간 돈은 언제 갚아 주겠소?"
> 그러자 돈을 빌려 간 사람이 말했다.
> "사실은 내가 많은 사람에게서 돈을 빌렸기 때문에 갚아야 할 사람도 많습니다. 그래서 갚아야 할 사람을 세 부류로 나누어 두었지요. 첫 번째는 어떻게 해서든지 돈을 마련하여 갚아 주어야 할 사람이고, 두 번째는 돈이 생기면 갚아 줄 수도 있는 사람이며, 세 번째는 안 갚아도 그만인 사람이지요."

> "그럼, 나는 어디에 속한단 말이오?"
>
> "아, 당신은 지금 첫 번째 사람으로 꼽고 있지만, 자꾸 귀찮게 굴면 세 번째 사람으로 낙제시킬 수도 있어요. 한번 낙제되면 절대로 올라올 수 없습니다."

▶ 내 삶에 적용하기

내 삶의 경험 중에서 서둘러서, 즉 하나님의 응답을 기다리지 못해서 일을 망친 경험이 있었다면 간단하게 써 봅시다. 더불어 그 사건을 통해 깨달은 것을 간단하게 적어 봅시다.

_____
_____
_____

'하나님의 복'에 대한 반듯한 생각

"나의 지경을 넓히시고"

역대상 4장 10절을 보면 "야베스가 이스라엘 하나님께 아뢰어 가로되 원컨대 주께서 내게 복에 복을 더하사 나의 지경을 넓히시고"라고 말씀하고 있습니다. 그러므로 야베스의 기도는 물질의 복보다는 지경을 넓혀달라는 복의 기도라고 볼 수 있습니다. 즉 물질이 많은 것보다는 하나님이 허락하시는 세상을 사는 것이 복임을 깨닫게 되었다는 것입니다.

어느 곳에서나 하나님의 사람이 거할 수 있는 그곳이 복입니다. 어떤 어려움이 와도 환란을 면케 되는 그곳이 바로 복의 장소이기 때문입니다. 직장에서 어려움이 옵니까? 나를 핍박하는 상사가 있습니까? 그 갈등을 이겨내고 문제가 해결되는 순간 바로 그곳이 나에게 주어지는 영토가 됩니다.

우리 주변에는 어려움을 이겨내지 못하고 활동 반경이 좁아진 사람들을 많이 보게 됩니다. 과연 우리가 물질의 복을 많이 가진다는 것이 무엇일까요? "네가 밟는 모든 땅을 너에게 주겠다"는 하나님의 약속이 복이라면 어떻게 이해해야 할까요? 그렇게 땅이 많은 것이 복일까요? 만일 그렇다면 그 많은 땅을 관리하는 것이 오히려 고역이 될 것입니다.

내가 밟는 땅 어디에서도 머물 수 있는 사람, 인정을 받는 사람, 바로 그런 사람이 지경을 넓혀 가는 사람입니다. 그런 복이 임하기를 위하여 기도해야 합니다.

하나님의 복이 임하는 사람은 먼저 그의 나라와 의를 구하는 사람입니다. 시간이 걸릴지는 모르지만 의롭게 사는 사람은 모든 사람이 인정합니다. 모든 사람에게 환영을 받습니다.

"하나님, 나의 삶의 지경을 넓혀 주세요."

"깨끗하게 하나님의 나라를 위해 헌신하며 돈을 버는 사람이 되게 해 주세요."라고 기도하십시오.

정리하기

■ **공평하신 하나님을 고백하십시오!**

우리는 흔히 세상이 아주 불공평하다고 생각합니다.

그러나 하나님의 복은 하나님의 (　　　)을 인정하고 받아들이는 자에게 임합니다.

이것은 하나님의 (　　)과 (　　)에 대한 문제가 아니라, 내가 인생을 어떻게 바라보느냐의 문제입니다.

■ **믿음의 논리**

"I can do all things(나는 모든 것을 할 수 있다)"라는 말과 "I can do all things in Jesus Christ(나는 예수 안에서 모든 것을 할 수 있다)"라는 두 가지 말은 반드시 (　　　)되어야 합니다.

첫 번째 것은 긍정적인 사고방식입니다. 그러나 여기에 속하는 사람은 자신의 (　　　) 이상을 발휘하지는 못하는 사람입니다. 그런데 후자에 속하는 사람은 긍정적인 사고방식을 가지고 있을 뿐 아니라, 그 일이 (　　　) (　　　)를 통하여 이루어짐을 확신하는 사람입니다.

■ **"서두르면 이스마엘, 기다리면 이삭"**

서두르는 사람은 하나님의 (　　　)를 기다리지 못하고 자신이 무엇인가를 만들려고 합니다. 바로 아브라함처럼 말입니다. 우리가 하나님을 의지하지 않고 내가 무엇인가를 하려고 하는 그 순간에 신앙의 (　　　)가 시작됩니다.

하나님은 끝까지 (　　　) 신실하게 (　　　)는 사람들을 통해 역사하시는 분입니다.

■ "나의 지경을 넓히시고"

내가 밟는 땅 어디에서도 머물 수 있는 사람, 인정을 받는 사람, 바로 **그런 사람이** (　　　) **을 넓혀 가는 사람**입니다. 그런 복이 임하기를 위하여 기도하십시오.

이렇게 간구하십시오!

"하나님, 나의 삶의 (　　　)을 넓혀 주세요."

"깨끗하게 하나님의 나라를 위해 헌신하며 돈을 버는 사람이 되게 해 주세요."

'정리하기' 답안

1. 신앙인의 돈 생각하기(1)
   위험, 지배, 대적, 복, 부, 주인, 부자, 거룩, 욕망, 목적

2. 신앙인의 돈 생각하기(2)
   도덕성, 도덕적, 도덕적, 형상, 욕망, 치료, 필요, 원, 갈등, 성령, 고민, 고민, 은사, 은사

3. 신앙인의 돈 모으기(1)
   품위, 신앙, 품위, 품위, 품위, 작품, 명품, 성령, 타락, 파괴, 투기, 눈물, 영광

4. 신앙인의 돈 모으기(2)
   가난함, 물질, 두렵지, 위험성, 규모 없는 삶, 수입, 가난, 가난, 물질, 불신앙, 하나님, 절제, 품위, 성령, 열매, 자유

5. 신앙인의 돈 나누기(1)
   영성, 주인, 도덕, 하나님, 눈, 나눔, 연습, 벌어라, 저축하라, 주어라

6. 신앙인의 돈 나누기(2)
   나눔, 나눔, 복, 일꾼, 삶, 본성, 필요, 필요, 성령, 희년, 유산, 나눔, 환원, 명령

7. 신앙인의 돈 드리기(1)
   인색함, 억지로, 명령, 심령, 경험, 확신, 헌금, 구별, 구별, 구별

8. 신앙인의 돈 드리기(2)
   구별, 구별, 믿음, 훈련, 믿음, 언약, 믿음, 감사, 십일조, 도적질, 시험, 구별, 구별

9. 신앙인의 미래 설계(1)
   돈, 돈, 계획, 계획, 하나님, 계획, 원칙, 진리, 원칙, 말씀, 음성, 음성, 음성, 원칙, 원칙

10. 신앙인의 미래 설계(2)
    하나님, 법칙, 미래, 중요, 하나님, 가정, 일, 못한다, 거절, 거절지수, 거절지수, 불의, 우선순위, 빚, 필요한, 원하는, 앞서, 신뢰

11. 신앙인에게 주시는 하나님의 복(1)
    분별력, 믿음, 영혼, 복, 실력, 복, 복, 의, 의, 돈, 복

12. 신앙인에게 주시는 하나님의 복(2)
    공평, 공평, 불공평, 구별, 능력, 예수, 그리스도, 섭리, 실패, 끝까지 믿고, 기다림, 지경, 지경

'해피 크리스천' 시리즈 1
크리스천의 경제생활 지침서

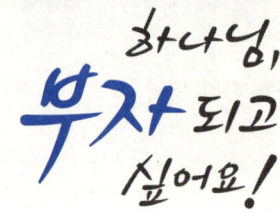
하나님, 부자 되고 싶어요!

김병삼 지음

초판 1쇄   2007년 6월 25일
     3쇄   2013년 1월 21일

발 행 인 | 김기택
편 집 인 | 손인선
펴 낸 곳 | 도서출판 kmc
등록번호 | 제2-1607호
등록일자 | 1993년 9월 4일

(110-730) 서울시 종로구 세종대로 149 감리회관 16층
(재)기독교대한감리회 출판국

대표전화 | 02-399-2008 팩스 | 02-399-2085
홈페이지 | http://www.kmcmall.co.kr

디자인·인쇄 | 리더스 커뮤니케이션 02)2123-9996

값 7,000원

ISBN 978-89-8430-359-1 04230
ISBN 978-89-8430-358-4(세트)